철학의 숲, 길을 묻다

철학의 숲,
길을 묻다

초판 1쇄 발행 2011년 2월 25일 | 초판 3쇄 발행 2013년 2월 25일
글 박일호·송하석·정재영·홍성기 | 펴낸이 홍석 | 기획위원 채희석
책임편집 유남경 | 디자인 김명희 | 마케팅 김명희·홍성우

펴낸 곳 도서출판 풀빛 | 등록 1979년 3월 6일 제8-24호
주소 120-818 서울특별시 서대문구 북아현3동 177-5
전화 02-363-5995(영업), 02-362-8900(편집) | 팩스 02-393-3858
홈페이지 www.pulbit.co.kr | 전자우편 pulbitco@hanmail.net

ⓒ 박일호·송하석·정재영·홍성기, 2011

ISBN 978-89-7474-444-1 03160

이 도서의 국립중앙도서관 출판시도서목록(CIP)은
e-CIP 홈페이지(http://www.nl.go.kr/ecip)에서 이용하실 수 있습니다. (CIP제어번호: CIP2011000459)

지은이와 협의하여 인지는 생략합니다.
책값은 뒤표지에 표시되어 있습니다.

철학의 숲, 길을 묻다

박일호·송하석·정재영·홍성기 공저

프 | 롤 | 로 | 그

철학의 숲을 산책하는 방법

I

철학은 문제 제기의 시발점인가, 아니면 문제 해결의 종착점인가? 고대 그리스인들은 철학이 세상에 대한 놀라운 경이에서 시작된다고 생각했다. 그들이 옳다면, 철학의 사명은 질문을 던지는 쪽에 더 가깝다. 반면, 근대의 계몽 사상가들은 이 세상의 모든 수수께끼는 언젠가는 다 풀 수 있다고 믿었다. 이들의 생각이 옳다면, 철학은 문제를 해결하는 편에 더 가깝다.

문제를 제기하든, 답변을 제시하든, 철학은 열린 상태를 지향한다.

prolog

그래서 철학의 질문과 답변에는 그 어떤 제약도 없고, 그 어떤 금기도 없다. 그래서 철학은 꼬리에 꼬리를 무는 질문의 연속처럼 보이기도 하고, 때로는 영원히 끝날 것 같지 않은 구도의 과정처럼 보이기도 한다.

이 책은 고대에서 근대에 이르기까지 22명의 철학자들이 우리에게 던진 질문과 답을 담고 있다. 여기에 실린 글은 한 편을 제외하면 네이버캐스트에 연재 중인 '철학의 숲'에 기고한 원고를 토대로 하고 있다. 이 원고를 쓰는 데 있어서 저자들은 시대를 달리하는 22명의 위대한 철학자들이 제기한 중심 질문과 그들이 제시한 핵심 답변이 무엇인가를 끄집어내고자 노력했다. 이것이 저자들이 설정한 집필의 제일 원칙이었다.

이 점을 뒤집어서 말하면, 그들의 철학적 체계를 친절하게 요약하는 평면적 구성을 피하고, 그들의 생각의 핵심으로 곧바로 쳐들어가는 전략을 취했다고 할 수 있다. 이러한 저자들의 의도가 얼마나 성공했는지는 알 수 없다. 그러나 다행스럽게도 모든 위대한 철학자들에게 공통적으로 나타나는 점은, 그들이 제기한 질문과 그 질문에 대한 응답, 그리고 그 과정에서 그들이 공을 들여 가다듬은 철학적 개념들이 서로 긴밀한 내적 연관을 맺고 있다는 것이다. 그래서 하나의 질문을 계속 파고 들어가다 보면, 그들이 이야기한 철학의 전모는 아닐지라도, 적어도 그들이 전하고자 한 철학의 메시지만큼은 움켜잡을 수 있다.

그래서 저자들은 이 책을 통해서 위대한 철학자들은 어떻게 철학을 해왔으며, 그들이 제기한 질문과 응답은 어떻게 서로 연결되고 있으며, 또 그 과정에서 철학 개념들은 어떻게 형성되었는가 하는 점을 독자 여러분이 더 완전하게 채워 줄 것을 희망한다. 그 점에서 이 책이 독자 여러분을 깊은 '철학의 숲', 다시 말해 위대한 철학자들의 생생한 목소리를 직접 들을 수 있는 철학 원전 읽기로 안내하는 하나의 교량적 역할이 된다면 더 이상의 기쁨은 없을 것이다.

II

이 책의 서술은 문제 중심이지만, 이 책의 틀은 시대순으로 철학자들을 정리하고 있다. 그래서 《철학의 숲, 길을 묻다》는 한편으로는 철

prolog

학을 역사적으로 접근하고 있는 책이기도 하다. 이렇게 철학을 역사적으로 접근하는 방식에서는 항상 철학과 시대, 철학과 사회의 길항(서로 버티어 대항함) 관계가 문제가 된다. 모든 철학은 시대를 반영하고, 또 모든 시대의 한복판에는 철학이 위치하고 있기 때문이다. 이 관계는 철학과 사회의 관계에서도 마찬가지다. 특히 철학과 학문의 분화가 전혀 이루어지지 않았거나 또는 완성되지 않았던 근대 이전의 시기에는 철학은 현실을 담는 그릇이면서 동시에 이상과 꿈을 담은 설계도였다. 현실을 철학이라는 그릇에 잘 담기 위해서는 철학은 상식적이어야 하며, 이상을 철학이라는 꿈에 잘 담기 위해서는 철학은 근본적이어야 한다.

이 책에 담긴 22명의 철학도 마찬가지다. 그들의 물음은 어느 날 갑자기 하늘에서 내려온 것이 아니라 그들이 살았던 시대, 그들이 살았던 사회와 치열하게 대결하면서 만들어진 것이다. 그 점에서 그들이 제기한 질문은 그 시대가 절실하게 요구한 하나의 물음이기도 하다. 그것을 요즘 말로 표현하면, 의제 설정(agenda setting)이라고 불러도 좋을 것이다.

철학을 역사적으로 접근하는 법에서 우리가 항상 배우는 점은 철학이란 단지 흘러간 과거의 생각이 아니라 오늘에도 여전히 유효하게 살아 있다는 것이다. 이 말은 거꾸로 이야기할 수도 있다. 지금 살아 있지 않은 생각은 철학이 아니다. 그래서 저자들은 이 책이 박물관에 전시되어 있는 유물처럼 읽혀지기를 원하지 않는다. 이 책에서 소개된 22명의 철학자들이 저 시대의 현실에서 뛰쳐나와 이 시대의 현실을 이야기해 주는 살아 있는 인물이 되기를 희망한다. 저자들이 그들에게 생명력을 제대로 불어넣어 주지 못했다면, 독자 여러분이 그들에게 생명의 호흡을 불어주기를 기대한다. 그것이 철학을 역사적으로 접근할 때 우리가 얻게 되는 큰 미덕이다.

III

이 책은 이념 중심으로 철학의 역사를 살펴보는 것이 아니라, 인물 중심(figure-based)으로 철학의 역사를 살펴보고 있다. 인물 중심의 철학

p r o l o g

이 가진 큰 장점은 접근이 용이하다는 점이다. 추상적 이념을 다룬 이야기보다는 피와 살을 가진 인물 이야기가 항상 재미있는 법이다. 《철학의 숲, 길을 묻다》에서 인물별로 이야기를 다룬 것은 이러한 가독성을 크게 고려했기 때문이다.

 이 책은 기본적으로 독자 여러분이 철학적 훈련을 전혀 받지 않았다고 상정하고 쓰인 책이다. 여기서 철학적 훈련이란 전문 철학을 접하지 않았다는 뜻이지, 철학적 소양이 없다는 뜻이 아니다. 우리가 철학이라는 이름을 굳이 붙이지 않아서 그렇지, 모든 인간은 철학적 사유를 한다. 그 점에서 모든 인간은 철학을 하는 자, 곧 철학자다. 철학을 하는 자에게 가장 필요한 것은 열린 가슴이다. 저자들은 독자 여러분들이 이 책을 열린 마음으로 읽어 주기를 당부한다.

2011년 2월 저자 일동

프롤로그   철학의 숲을 산책하는 방법   4

1장 고대 | 철학의 탄생
탈레스에서 아우렐리우스까지

1. 탈레스
   만물의 근원을 묻다 .... 송하석   18

2. 피타고라스
   수는 세계를 설명하나? .... 박일호   27

3. 헤라클레이토스
   변화는 세계의 원리인가? .... 정재영   37

4. 파르메니데스
   변화는 불가능한 것인가? .... 홍성기   50

5. 데모크리토스
   꽉 찬 것과 텅 빈 것의 세계 .... 박일호   60

6. 프로타고라스
   진리는 상대적인가? .... 정재영   70

7. 소크라테스
   그는 왜 토론을 하는가? .... 홍성기   81

8. 플라톤
이데아를 향한 철학의 여정 ······················· 정재영   90

9. 아리스토텔레스
인간 행위의 궁극적 목적은? ······················· 송하석   104

10. 마르쿠스 아우렐리우스
행복한 삶의 방식 ·································· 홍성기   121

2장 중세 | 믿음과 이성의 양 날개를 달다
아우구스티누스에서 윌리엄 오컴까지

11. 아우구스티누스
중세 교부 철학의 시작 ····························· 정재영   138

12. 이븐 루슈드(아베로에스)
합리주의는 서구의 전유물 ·························· 정재영   148

13. 토마스 아퀴나스
스콜라 철학의 완성 ································ 송하석   158

14. 윌리엄 오컴
보편은 이름에 불과한가? ··························· 박일호   169

3장 근대 | 새로운 세계를 향한 원리 찾기
마키아벨리에서 데이비드 흄까지

15. 마키아벨리
정치와 도덕의 영역은 다른가? 홍성기 186

16. 프랜시스 베이컨
근대 경험론의 선구자 송하석 196

17. 데카르트
철학의 절대적 제1 원리는? 박일호 208

18. 스피노자
완전한 행복은 가능한가? 정재영 222

19. 존 로크
인간의 마음은 하얀 백지 정재영 234

20. 라이프니츠
실존하는 것은 무엇인가? 송하석 246

21. 버클리
존재하는 것은 지각된 것이다 박일호 257

22. 데이비드 흄
서양 철학의 갈림길 홍성기 269

1장
고대

철학의 탄생

탈레스에서 아우렐리우스까지

1장 | **고 대**

철학의 탄생

서양 철학은 고대 그리스에서 태어났다. 더 정확하게 말하면 서양에서 철학은 학문과 동시에 탄생했다. 학문과 철학, 또는 학문적 사유와 철학적 사유는 서로 분리되지 않은 채 고대 그리스의 폴리스(도시 국가)에서 선을 보였다. 모든 시작이 그렇듯, 철학이 탄생하는 기원을 마치 뉴스 기사를 쓰듯 육하원칙에 의거해서 밝히기는 어렵다. 그 어려움은 기본적으로 이 엄청난 사건에 대한 자료가 부족하기 때문이다.

그러나 오늘의 철학의 역사를 기록한 거의 모든 책에서 기원전 6세기 무렵에 지금의 터키가 있는 소아시아의 밀레토스(Miletos)라는 도시에서 서양 철학이 시작되었다고 말한다. 지금 옛 도시 밀레토스가 있었을 것이라고 추정되는 곳은 늪으로 변했다. 그곳을 굽어볼 수 있는 언덕에는 로마 시대에 세워진 극장이 있을 뿐이다. 밀레토스에는 세 명의 뛰어난 인물이 살았다고 전해진다. 이 책의 첫 편에 등장하는 서양 철학의 아버지, 탈레스(Thales)와 아낙시만드로스(Anaximandros), 그리고 아낙시메네스(Anaximenes) 등이 그들이다. 이들의 정확한 생몰 연대는 밝혀져 있지 않다. 다만 단편적으로 남은 여러 기록을 퍼즐 게임처럼 조각 맞추기를 해 보니 그들이 기원전 6세기 전반과 중반에 활동했을 것이라는 게 역사가들의 추정이다. 그것은 이 책의 두 번째에 등장하는 사모스 섬 출신의 피타고라스(Phytagoras)도 마찬가지다. 피타고라스와 피타고라스학파가 후세에 끼친 큰 영향에도 불구하고, 그의 삶과 철학은 상당 부분 뿌연 안개에 가려져 있다.

이러한 사정은 세계의 근원 또는 원리가 무엇인가 하는 데 관심을 쏟았던 고대 그리스 자연 철학자 모두에게 적용되는 이야기다. 사실상 믿을 만한 문헌으로 기록된 철학의 역사는 플라톤(Platon)과 아리스토텔레스(Aristoteles)에서 시작된다고 봐야 한다. 사제 관계인 플라톤과 아리스토텔레스, 그리고 플라톤의 스승인 소크라테스(Socrates)에 의해서 서양 철학은 하나의 틀을 형성했다. 철학의 기본 틀은 플라톤에 의해 세워졌으며, 학문의 기본 틀은 아리스토텔레스에 의해서 체계화되었다. 이 책에서 상당 부분을, 사제 관계로 이어지는 소크라테스와 플라톤, 그리고 아리스토텔레스에 집중한 것은 바로 이 때문이다.

그러나 우리는 고대 편에서 그리스 자연 철학자 세 명을 소개한다. 철학적 깊이로 따지자면, 플라톤과 아리스토텔레스에 못지않은 헤라클레이토스(Herakleitos)와 파르메니데스(Parmenides), 그리고 고대 원자론을 선보인 데모크리토스(Demokritos) 등이 그들이다. 물론 이 자연 철학자들에 대한 기록도 단편적이다. 그러나 그들이 제기한 문제는 플라톤과 아리스토텔레스에게 인용되었을 뿐만 아니라, 플라톤과 아리스토텔레스의 철학 속에 깊숙하게 용해되어 있다. 그리스 자연 철학자들이 없었다면, 서양 철학에서 존재론과 인식론은 지금과 같이 높은 추상성을 띤 이론으로 발전하기 힘들었을 것이다. 그래서 지금도 많은 철학자들은 생각이 막힐 때마다, 그리스 시대의 철학을 들추어 본다. 서양 철학 전통의 원형질을 그리스 철학에서 찾아볼 수 있기 때문이다.

실천의 문제를 다루는 도덕 철학은 소크라테스와 동시대를 살았던 프로타고라스에서 시작된 분야다. 그들은 인간에게 필요한 덕(德, 아레테)이 무엇인가 하는 점을 집중적으로 캐물었고, 그 덕을 국가가 어떻게 실현할 수 있는가 하는 문제는 플라톤의 이상 국가를 향한 꿈으로, 그 덕을 개인이 어떻게 실현할 수 있는가 하는 문제는 아리스토텔레스의 윤리학을 통해 나타났다. 아리스토텔레스 사후에 덕에 대한 강조는 로마 시대에 성행한 스토아 철학에서 두드러지게 나타난다. 이러한 도덕 철학의 문제를 이 책에서는 프로타고라스와 로마의 철학자 황제 아우렐리우스를 통해서 다루었다.

  사족을 한마디 덧붙이자면, 우리는 철학이 그리스에서만 태어났고, 그래서 그리스 철학을 살펴보는 것이 중요하다는 주장을 하는 것이 아니다. 그러나 철학이 그리스에서 어떻게 태어나 어떻게 발전해 나아갔는가 하는 점을 살펴보는 일은 철학적 사유를 깊게 하는 유익한 성찰이 될 것이다.

Thales

"탈레스"

만물의 근원을 묻다

———— 송 하 석

플라톤은 《테아이테투스》에서 탈레스에 관한 일화 하나를 소개한다. 어느 날 탈레스가 별을 탐구하기 위해 밤하늘을 보면서 걷다가 그만 우물에 빠져 버리고 만다. 이것을 본 하녀가 "하늘에서 무슨 일이 일어나고 있는지에 정신이 팔려 발밑에 놓여 있는 것도 못 보셨군요!"라며 탈레스를 비웃었다는 이야기다. 이 일화를 소개한 후, 플라톤은 철학을 하는 사람은 언제든지 이런 조롱을 받을 수 있다고 말한다. 철학이란 구체적이고 현실적이기보다는 보편적이고 궁극적인 것을 탐구하는 학문이기 때문이라는 것이다. 이렇게 보편과 궁극에 관한 탐구로서의 철학은 과연 언제 누구로부터 시작되었을까?

탈레스, 왜 서양 철학의 아버지인가?
만물의 기본 원리를 탐구한 첫 번째 사람

　대부분의 서양 철학사 책은 탈레스(Thales, 기원전 625?~기원전 547?)를 '서양 철학의 아버지'라고 기술하고 있다. 아리스토텔레스도 탈레스를 그리스 최초의 철학자요, 과학자라고 칭한다. 19세기 철학자 니체도 "그리스 철학은 물이 만물의 기원이요, 자궁이라는 명제로 시작한다."라고 말함으로써 탈레스가 서양 철학의 출발임을 시사하고 있다. 그리고 영국 철학자 버트런드 러셀(1872~1970)도 자신의 저서《서양 철학사》에서 서양 철학은 탈레스로부터 시작되었다고 말한다. 그렇다면 그들은 무슨 이유로 탈레스에게 그런 영예로운 호칭을 부여한 것일까?

　아리스토텔레스는 철학적 지혜란 모든 만물을 구성하는 실체(substance)에 대한 지식, 또는 만물을 구성하는 기본적인 원리나 제1 원인에 대한 지식이라고 말한다. 그리고 그는 탈레스가 만물의 기원이 되는 실체에 대한 문제를 처음으로 제기했다는 점에서, 그리고 만물의 기본적인 원리를 탐구한 첫 번째 사람이라는 점에서 탈레스를 그리스 최초의 철학자라고 말한 것이다.

　인간은 누구나 지적인 호기심을 갖는다. 그러한 호기심을 철학자들은 '경이감'이라고 부른다. 그리고 플라톤과 아리스토텔레스는 인간이 철학을 하는 것은 경이감을 가지고 있기 때문이라고 말한다. 사람이라면 누구나 경이감을 느끼고 그 경이감으로 인해 지적인 욕구가 발동하고, 그래서 철학적 사유를 한다는 것이다. 그런데 일반적으로 사람들이 느끼는 경이감은 자신이 경험하는 구체적인 사실에 대한 것이다. 예컨대 천체의 운행에 대해서 무지했던 고대인들은 낮에 태양이 어두워지는 일식을 경험하면서, 그 현상에 대해 놀라워했을 것이고, 그 이유를 설명하고 싶었을 것이다. 다시 말해서 일식은 그들에게 경이감의 대상이었던 것이다. 이렇게 고대인들처럼 우리도 경험한 현상 중에서 우리의 지적인 능력으로는 설명할 수 없는 현상에 대해서 경이감을 느낀다.

그러나 탈레스는 일반적인 사람이 갖는 경이감과는 다른 차원의 경이감을 가졌다. 그는 "만물의 근원이 무엇일까?"라는 당시로써는 다소 황당한 질문을 던지고 그 질문에 답하고자 했다. 다시 말하면 탈레스는 구체적이고 경험적 사실에 대해서만 궁금해 한 것이 아니고, 보다 궁극적이고 근본적인 문제에 대해서 지적인 호기심을 느꼈던 것이다. 이러한 질문을 던지고 그에 대한 답을 찾는다고 해서 현실의 삶이 편리해지거나 물질적인 풍요를 얻을 수 있는 것은 아니다. 그런 점에서 탈레스의 지적인 호기심은 편리나 풍요를 위한 것이 아니라, 바로 앎 자체가 목적이었다고 할 수 있다.

또한 그리스 시대 사람들의 지적인 수준은 현대인과는 비교도 할 수 없을 만큼 낮았기 때문에 그들이 지적인 호기심을 갖고 던진 질문 가운데는 이성적으로 만족스러운 대답을 하기 어려운 것들도 많았을 것이다.

이렇게 만족스러운 대답을 구할 수 없을 때, 사람들은 일반적으로 신화나 초월적인 힘에 의존하여 그 답을 구하곤 한다. 그러나 탈레스는 결코 초월적인 힘에 의존하여 답해서는 안 된다는 점을 깨달았고, 끝까지 합리적인 대답을 구했다. 탈레스는 자신이 던진 "만물의 근원이 무엇인가?"라는 질문에 대해 "물"이라고 대답했다. 이 대답은 현대적 관점에서 보면 말도 안 되는 엉터리라고 하겠지만, 자신들의 이성 능력을 넘어서는 문제에 대해 신비적이고 초월적인 답을 하던 당시 일반인들의 사고방식과 비교해 보면 탈레스의 대답은 합리적인 사고의 결과임이 분명하다.

결론적으로 탈레스를 철학의 아버지라고 하는 이유를 두 가지로 설명할 수 있겠다. 하나는 처음으로 앎 자체를 목적으로 하는 궁극적이고, 본질적인 문제에 대한 탐구를 시작했다는 점이고, 다른 하나는 신비적이고 초자연적인 힘에 의존하지 않고 합리적인 방식으로 답을 구하려고 했다는 점이다.

왜 물을 만물의 근원인 '아르케'라고 했을까?

흔히 탈레스가 던진, "만물의 근원은 무엇인가?"라는 질문을 아르케(arche)에 대한 탐구라고 말한다. 아르케는 일반적으로 '기본 원리(basic principle)' 또는 '기원(origin)' 등으로 번역된다. 그리고 아리스토텔레스는 아르케를 사물을 구성하는 요소(constituents)로서, 사물이 변해도 결코 사라지지 않는 무엇이라고 말하기도 한다. 도대체 아르케란 무엇인가?

'아르케'는 그리스어의 동사 '아르케인'에서 나온 말인데, '아르케인'은 '지배하다(rule)'라는 뜻을 가지고 있다. '아르케'를 번역한 말인, '기본 원리', '기원', '궁극의 구성 요소'는 그리스 철학에서 서로 밀접하게 관련되어 있다. 그리스 철학에서 어떤 대상을 지배하는 기본적인 원리는 곧 그 대상의 제1 원인이고, 어떤 대상의 제1 원인이란 바로 그 대상의 기원이다. 이런 점에서 다의적인 것처럼 보이는 '아르케'는 대상의 제1 원인으로서 기원을 뜻한다고 생각하면 될 것이다.

그렇다면 탈레스는 왜 물을 만물의 근원, 아르케라고 했을까? 탈레스가 우리에게 남겨 준 글은 거의 없다. 그는 천문학에 관심이 많아 동지와 하지에 대한 연구서 《솔스티스(Solstice)》와 춘분과 추분에 관한 연구서 《에퀴녹스(Equinox)》를 썼다고 하는데, 아쉽게도 우리에게 전해지지는 않는다. 우리는 탈레스에 관한 다른 사람들의 글을 통해서 그가 왜 물을 아르케라고 했는지 더듬어 갈 수밖에 없다. 고대 그리스 철학자인 디오게네스 라에르티우스, 헤라클리투스 호메리쿠스, 그리고 플라톤, 아리스토텔레스와 같이 탈레스에 관한 기록을 남긴 사람들은 모두 탈레스가 관찰에 근거하여 물을 아르케라고 주장했을 것이라는 데 동의한다.

헤라클리투스 호메리쿠스는 습한 성질의 실체가 공기, 점토 그리고 흙으로 변하는 것을 관찰할 수 있기 때문에 탈레스가 물을 만물의 근원이라고 말하게 되었다고 기록하고 있다. 실제로 물이 점토나 흙으로 변하는 것을 관찰했을 리는 없다. 아리스토텔레스도 헤라클리투스와 비슷한 설명을 하는데, 그것은 아마 물이 기체, 액체, 고체 상태로 변하는 것을 관찰했기 때문이라고 추측할 수 있다. 우리는 이와 유사한 설명을 플라톤의 《티마에우스》에서도 찾아볼 수 있다. 플라톤은 물이 응결됨으로써 돌이나 지구가 되고, 물이 융해, 분산됨으로써 증기나 공기가 된다고 말한다. 실제로 탈레스는 지구가 물 위에 떠 있고, 지구는 그 물로부터 생성되었다고 주장한 것으로 알려지고 있다. 그러나 탈레스가 물을 아르케라고 한 이유에 대한 가장 그럴듯한 설명을 한 사람은 바로 아리스토텔레스다.

아리스토텔레스는 만물의 영양분은 습기이고, 만물의 온기도 습기에서 생성되며 습기가 없으면 온기가 유지될 수 없음을 관찰할 수 있는데, 이것이 바로 탈레스가 물을 아르케라고 주장한 이유라고 설명한다. 나아가서 아리스토텔레스는 탈레스의 아르케에 대해서 다음과 같은 설명을 덧붙인다. 어떤 대상 A가 다른 대상 B로부터 나올 때 B는 A의 존재 원리라고 할 수 있는데, 만물은 물로부터 나오기 때문에, 물은 만물의 존재 원리요, 제1 원인이다. 다시 말해서 물은 만물의 기원이요, 만물의 근본 원리이며 변하지 않는 구성 요소, 즉 아르케인 것이다. 모든 존재의 씨앗은 습한 성질을 갖는다는 탈레스의 주장도 그런 의미로 이해할 수 있을 것이다.

탈레스는 대략 기원전 7세기경 사람이다. 2,700년 전에 탈레스가 한 주장을 현대 과학의 눈으로 해석하여 터무니없는 것으로 평가하는 것은 적절하지 않다. 그의 주장은 적어도 당시의 다른 주장과 비교해 볼 때, 대단히 합리적인 것임에 분명하다. 탈레스의 합리성은 여러 기록에서 확인할 수 있다. 플라톤은 《프로타고라스》에서 그리스의 일곱 명의 현자를 열거하면서 그 첫 번째로 탈레스를 꼽는다. 그리고 그 이유를 탈레스가 다양한 분야의 다양한 질문에 대해서 합리적인 설명을 했기 때문이라고 말한다. 탈레스는 일식을 정확히 예측한 것으로 알려졌다. 뿐만 아니라 삼각형의 닮음의 비에 대해서도 알고 있어서 피라미드의 그림자와 자신의 그림자의 길이를 이용해 이집트 피라미드의 높이를 측정했다고 한다. 5세기의 철학자 프로클루스에 따르면 탈레스는 그리스의 수학자 유클리드가 구축한 유클리드 기하학에 나오는 정리 중 상당수를 이해하고 실용적으로 이용한 것으로 되어 있다.

현대 과학은 우리에게 아르케를 알려 주는가?

현대의 과학은 우주의 신비에서부터 미립자의 운동까지 거의 모든 분야에 걸쳐 과학적 설명을 제공하고 있고, 이를 토대로 한 기술은 우리에게 풍요와 편리를 제공하고 있다. 그렇다면 현대의 과학 기술은 우리에게 아르케를 알려 주는가? 오늘날 우리가 탐구해야 할 아르케는 무엇인가? 17세기 이후, 철학으로부터 독립 선언을 하고 등장한 근대 과학은 오늘날까지 눈부시게 발전했지만, 과학은 특정 현상을 설명하기 위한 법칙에 대해서만 탐구할 뿐, 여전히 보편적이고 궁극적인 탐구는 철학의 문제로 남아 있다. 다시 말해서 과학은 구체적인 어떤 주장이 참인지를 밝히는 데 주력한다면, 철학은 참이라는 것 자체가 무엇인가에 대해서 탐구한다. 그런 의미에서 과학을 통해 만물을 지배하는 근본 원리로서 아르케가 무엇인지 알 수 있으리라고 기대하기 어려울 것 같다. 물론 현대 과학의 성과를 무시하거나 폄하해서는 안 될 것이다. 그러나 과학이 모든 것을 설명해 줄 것이라는 생각 또한 환상이다.

아무튼 아르케에 대한 탐구가 그 자체로 고통스럽고 또 답을 구할 수 없어 영원히 미로를 헤맬지라도, 또 그러한 탐구 결과가 우리에게 아무런 대가도 가져다주지 않을지라도 아르케에 대한 탐구를 멈춰서는 안 된다. 과연 만물의 제1 원리로서 아르케는 무엇일까? 디오게네스 라에르티우스가 탈레스의 저작이라고 전하는 글을 음미하면서, 우리에게 아르케는 무엇인지 고민해 보자.

이 세상에 존재하는 모든 것들 중 가장 오래된 것은 신이니, 태어나지 않기 때문이다.
가장 아름다운 것은 우주이니, 신이 창조한 것이기 때문이다.
가장 거대한 것은 공간이니, 모든 것을 포함하기 때문이다.

가장 빠른 것은 지성(知性)이니, 모든 것을 관통하여 내달리기 때문이다.
가장 강한 것은 필연(必然)이니, 모든 것을 지배하기 때문이다.
가장 현명한 것은 시간이니, 모든 것을 결국 명백하게 밝히기 때문이다.

Pythagoras

"피타고라스"

수는 세계를 설명하나?

박 일 호

온통 엉뚱해 보이는 것 투성이다. 세계가 무엇으로 이루어졌느냐는 질문에 고대 그리스 철학자인 탈레스는 물이라고 말했고, 아낙시메네스는 공기, 크세노파네스는 흙이라고 말했다. 뿐만 아니라 엠페도클레스라는 사람은 흙, 물, 공기, 불 모두가 세계의 근원이라고 했다. 지금 우리의 상식으로는 납득하기 어렵고 우스꽝스럽기도 하다. 하지만 2,500년 전이라는 것을 기억하자. 중요한 것은 그들의 답이 아니라 그들이 답하려고 했던 질문인 '만물의 근원은 무엇인가?' 이다. 사실 이 답들은 그나마 이해하기 쉬운 편이다. 우리는 최소한 '흙', '물', '공기', '불' 이 무엇을 가리키는지는 알고 있지 않은가? (물론 2,500년 전의 사람들이 의미했던 '공기' 와 지금 우리가 의미하는 '공기' 는 분명 다를 것이

다) 단지 터무니없어 보일 뿐이지 그 말이 무엇을 뜻하는지는 납득할 수 있다. 하지만 몇몇 고대 철학자들의 답은 그것이 무엇을 가리키는지도 쉽게 파악하기 어렵다.

예를 들어, 아낙시만드로스와 같은 사람은 무한자(apeiron)가 세계의 근원이라고 했다. 도대체 '무한자'가 무엇이란 말인가?

게다가 '무한자'가 '물'이나 '공기'보다 더 이해하기 어려운 이유는 또 하나 있다. 질문은 만물의 근원에 대한 것이었다. 대충 말하자면, 만물은 무엇으로 이루어졌냐는 것이다. 우리가 사는 세상은 많은 부분 물질로 이루어졌다. 그리고 물질적인 것을 구성하는 것은 물질적인 것이어야 한다는 생각은 자연스러워 보인다. 한편, 물이나 공기는 물질적인 듯이 보이지만, 무한자는 물질적인 것을 초월한 어떤 것처럼 보인다. 그럼, 만물의 근원이 무한자라는 말은 물질적인 것이 비물질적인 것으로 구성되었다는 말이 된다. 이런 점에서 아낙시만드로스의 생각은 한 번 더 납득하기 어렵다. 그의 '무한자'가 무엇을 가리키는지 이해하기 쉽지 않으며 또한 그것을 이해했다고 하더라도 그것이 어떻게 물질세계의 근원이 되는지 이해하기가 쉽지 않다.

만물의 근원은 수, 그렇다면 수는 물질적인 것일까, 비물질적인 것일까?

철학자의 수만큼이나 다양한 고대 그리스 철학 이론 중에는 '무한자'보다는 납득하기 쉽지만, '물'보다는 납득하기 어려운 경우도 있다. '만물의 근원은 수(numbers)'라는 주장이 바로 그것이다. 이 주장을 한 사람(들)이 바로 그 유명한 피타고라스(Pythagoras, 기원전 570?~기원전 490?) 혹은 피타고라스주의자들(Pythagoreans)이다. 우리는 '수'라는 말이 무엇을 가리키는지 알고 있다. 그런 의미에서 '무한자'보다는 이해하기 쉽다. 하지만 수가 어떻게 물질세계를 구성하는지 쉽게 납득이 되지 않는다. 따라서 '물'이라는 답보다 이해하기 어렵다.

수는 물질적인가? 물질적인 것은 비물질적인 것과 어떻게 구분되는가? 여러 가지 방법이 있겠지만, 단순하게 생각해 보자. 쉽게 생각할 수 있는 것은 물질적인 것은 감각할 수 있지만 비물질적인 것은 감각할 수 없다는 차이점이다. 그럼 이 차이점을 수에 적용해 보자. 당신은 수를 본 적이 있는가? 당신은 지금 종이 위에 있는 1을 보고 있다. 당신이 본 것은 수인가? 여기서 우리는 수와 숫자(numerals)를 구분해야 한다. 당신이 지금 본 것은 숫자이지 수가 아니다. 숫자는 물질적일 수 있다. 하지만 그것이 가리키는 수는 물질적이지 않다.

이제 '만물의 근원은 수'라는 주장으로 돌아가 보자. 지금 우리가 이 주장을 납득하기 어려운 것은 '만물'은 물질적인 것처럼 보이지만, '수'는 비물질적인 것처럼 보인다는 데 있다. 그럼, 이것을 어떻게 이해해야 하는가? 바로 이 점이 2,500여 년 전 피타고라스의 철학으로 들어가는 출입문이다.

피타고라스는 기원전 570년경에 태어나 기원전 490년경에 죽었다고 한다. 그에 대해서 많은 이야기가 전해지지만 신빙성 있는 것은 별로 없다. 여러 이야기들 중에서 그가 사모스 섬에서 태어났다는 것, 이집트 등을 여행한 뒤 마흔 살 즈음에 이탈리아의 크로톤에 '피타고라스적 삶의 방식'을 따르는 공동체를 만들었다는 것, 그리고 정치적인 이유에서 고대 그리스 도시 메타폰티온(Metapontion)으로 이주한 뒤 죽게 되었다는 것 정도가 믿을 만하다. 그 후 피타고라스의 추종자들은 기원전 5세기에 이탈리아 남부의 영향력 있는 정치 세력이 되었다는 것도 신빙성 있는 사실이라고 한다. 위에서 말한 "만물의 근원은 수다."라는 주장은 사실 피타고라스 개인보다는 피타고라스주의자들의 주장으로 여겨진다.

그럼 만물의 근원이 수라는 주장을 더 생각해 보자. 아리스토텔레스가 언급한 것에 따르면 '이른바 피타고라스주의자들'은 '수를 있는 것들에 대한 질료적 원리'로 생각했다고 한다(여기서 '질료'란 말을 '물질'로 이해하기로 하자). 어렵게 들리는 말이지만, 단순히 수는 비물질적인 것이 아니라 물질적인 것이라는 말이다. 즉, 그들에게 있어 수는 공기나 물과 같이 물질적인 것이며, 따라서 그것은 당연히 물질세계를 구성할 수 있게 된다. 그들은 왜 그렇게 생각했을까? 그것은 기하학(도형 및 공간의 성질에 대해 연구하는 학문)과 관련이 있다. 그들이 보기에 물질세계에 있는 것은 점, 선, 면(삼각형), 입체(사면체)로 이루어져 있다.

그리고 이 점, 선, 면, 입체는 각각 1, 2, 3, 4에 대응한다. 따라서 물질세계에 있는 것은 모두 수들로 이루어져 있다. 하지만 조금 더 생각해 본다면 이런 식의 사고는 설득력이 떨어진다는 것을 쉽게 알 수 있다. 물질세계를 구성한다고 하는 기하학적인 것(점, 선, 면, 입체)은 물질적인 것인가? 당신은 점(點)을 본 적이 있는가? 지금 당신이 보고 있는 ·는 점(點)인가? 더불어 몇몇 역사가들은 이런 식의 사고가 피타고라스주의자들의 실제 생각을 대표하는 것은 아니라고 말한다.

왜냐하면 피타고라스가 죽은 이후에 피타고라스학파를 이끈 사람 중 한 명인 필롤라오스(Philolaus) 같은 이는 만물의 근원에 대해서 다른 식으로 말하고 있기 때문이다. 그렇다면 피타고라스주의자들 사이에 수가 질료적이라는 주장이 널리 받아들여졌다고 생각할 필요는 없을 것이다.

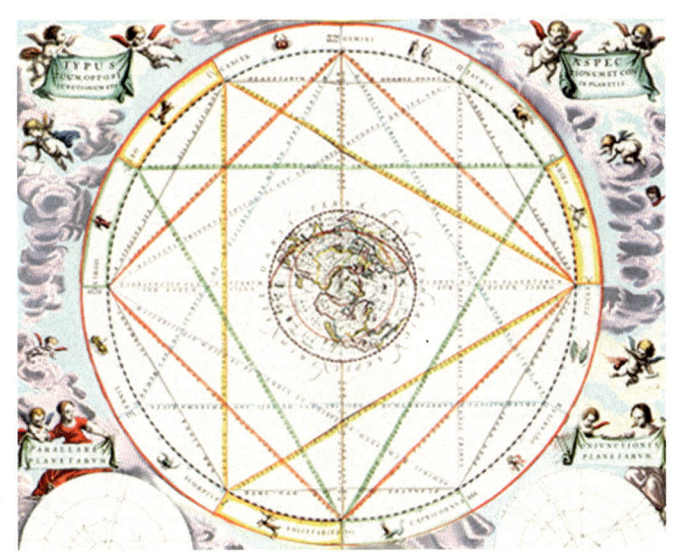

세계는 점, 선, 면, 입체로 이루어져 있고 각각 1,2,3,4에 대응하므로 수는 세계를 구성할 수 있다.

조화롭고 아름다운 음악, 그리고
조화로운 우주도 수로 표현될 수 있다

그럼, 세계와 수에 대한 피타고라스주의자들의 주장을 어떻게 이해해야 하는가? 그것은 바로 '조화(harmony)'와 관련 있다. 역사적인 사실이라고 말하는 사람은 드물지만, 피타고라스는 대장간을 지나다 해머가 모루에 부딪치는 소리를 듣고 세 가지 어울림 음정(옥타브, 제5음, 제4음)과 정수비와의 관계를 발견했다고 한다. 즉, 옥타브의 경우 현 길이의 비율이 2:1이고, 제5음은 2:3, 제4음은 3:4라는 사실을 피타고라스가 발견했다는 것이다.

이 발견에 등장하는 네 개의 정수(1, 2, 3, 4)를 테트락튀스(tetractys)라고 한다. 피타고라스주의자들은 이 테트락튀스를 신성한 것으로 여겼으며, 이 네 수의 합인 10을 가장 신성한 수로 생각했다. 아무튼 위에서 언급한 어울림 음정은 테트락튀스로 나타낼 수 있다. 즉, 조화롭고 아름다운 음악은 수로 표현될 수 있다는 것이다.

한편 피타고라스주의자들은 이런 조화가 음악뿐만이 아니라 우주에서도 발견된다고 여겼다. 따라서 그들은 조화로운 우주도 수로 표현될 수 있다고 생각하게 된다. 3세기 신플라톤주의[플로티누스(Plotinus, 204~270)에 의해 플라톤, 아리스토텔레스, 스토아의 철학을 융합하여 현상계의 근원으로서 하나의 통일체를 상정한 학파)자인 이암블리코스 (Iamblichos)는 피타고라스주의자들에 대한 책에서 이렇게 수로 표현될 수 있는 우주의 조화로운 특징을 '세이렌(Seiren, 그리스 신화에 나오는 바다의 요정. 여자의 얼굴과 새 모양을 한 괴물로, 이탈리아 근해에 나타나 아름다운 노랫소리로 뱃사람들을 홀려 죽게 했다고 한다)이 부르는 하모니'라고 표현했다. 이것이 바로 피타고라스주의 우주론의 핵심이며, 이후 근대 과학 발전에 있어 피타고라스주의자들의 영향을 상징하게 된다.

음악의 조화 속에서 수의 질서를 발견한 피타고라스.
그림은 중세의 판화에 묘사된 장면이다.

피타고라스주의자, 세계가 수학적으로 질서 있고 조화롭다는 것을 처음으로 파악하다

　우리는 수학과 과학은 서로 분리될 수 없을 정도로 밀접한 관계에 있다고 생각한다. 많은 과학 이론들은 수학을 이용해서 표현되며, 과학적 사실들을 표현하기 위해서 다양한 수학 이론들이 고안되기도 한다. 이런 밀접한 관계는 한 가지 사실을 가정하고 있다. 우리 세계가 수학적으로 표현될 수 있다는 것이 바로 그것이다. 달리 말하면, 우리 세계는 수학적으로 질서 있고 조화롭다는 것이다. 이런 가정을 해야지만 우리는 비로소 세계를 수학적으로 표현하려는 마음을 가질 수 있다. 피타고라스주의자들은 바로 이 점을 처음으로 파악한 사람들이다. 그리고 바로 이 점 때문에 피타고라스주의자들은 지성사에서 빠질 수 없는 한자리를 차지하게 된다.

　이 같은 피타고라스주의자들의 영향은 플라톤에게 전해진다. 그는 우리의 세계가 조화와 질서를 갖추도록 설계되었다고 생각한다. 하지만 이후 아리스토텔레스를 지나면서 철학과 과학에 있어 수학의 지위는 약화되고, 대신 논리학이 그 자리를 차지하게 된다. 그러나 17세기가 되면 수학이 다시 과학과 철학에 있어 지위를 회복하여 근대 과학 혁명을 이끌게 된다. 잘 알려져 있다시피 천문학과 역학 혁명의 주요 영웅들은 신플라톤주의자들이었으며, 데카르트, 스피노자, 뉴턴, 라이프니츠와 같은 철학자, 과학자들은 다른 한편으로 뛰어난 수학자들이었다(물론, 플라톤 이후 과학 혁명 이전 시기까지 수학이 발전하지 않았다고 생각한다면 오해다. 특히 유클리드를 비롯한 헬레니즘 시대의 수학자들과 대수학과 자리값 체계를 발전시킨 아랍의 수학자들은 중요한 수학적 발전을 이루어냈다. 하지만 당시 수학은 주로 실용적인 목적에서 연구되었을 뿐이지, 철학 속에서 특별한 지위에 있었던 것은 아니었다). 마지막으로 피타고라스에 대해서 흔히 알려져 있는 몇 가지 사실들을 간단히 언급하면서 글을 마무리하자.

피타고라스 정리를 처음으로 발견한 사람은 피타고라스인가?

역사적인 대답은 부정적이다. 피타고라스와 그 정리를 연결할 만한 것은 그가 그 정리를 발견하자 100여 마리의 황소를 바쳤다는 아폴로도로스라는 산술가의 증언뿐이다. 역사가들은 이 증언과 달리, 이 정리는 이미 바빌론에 알려져 있었으며, 그 증명도 이미 제시되었을 것이라 생각한다.

피타고라스의 기이한 행동들

지금껏 나는 수학을 중심으로 피타고라스에 대해서 살펴보았다. 하지만 피타고라스에게는 수학 이외에서 재미있는 요소들이 많이 있다. 그는 윤회설(Metempsychosis)의 신봉자였다고 한다. 그는 혼이란 불사의 것이며, 죽어서도 사라지지 않고 다른 동물로 옮겨 간다고 생각했다. 윤회설을 신봉했다는 것뿐만 아니라 종교 지도자로서 피타고라스의 특이한 행적과 이상한 규율도 많이 알려져 있다. 언젠가 피타고라스는 두 장소에 한꺼번에 나타난 적도 있다고 하며, 그의 한쪽 허벅지는 금으로 되어 있다고도 한다. 또한 그가 코사 강을 건너는 동안 강이 그에게 인사를 했다고도 하며, 독사를 물어 죽였다는 이야기도 전해진다. 게다가 피타고라스주의자들에게는 몇몇 이상한 규율도 있었다고 한다. 그 대표적인 것은 콩을 먹지 말라는 것이었다. 이렇게 피타고라스에 대해서는 많은 이야기들이 전해지지만 믿을 만한 이야기는 그렇게 많지 않다. 하지만 플라톤이 언급한 것처럼, 그토록 많은 이야기들이 남아 있고, 그의 삶의 방식을 따라서 살려고 하는 사람들도 있었다는 사실 자체는 그의 훌륭한 행적에 대한 방증으로 여겨질 수 있을 것이다.

Herakleitos

"헤라클레이토스"

변화는 세계의 원리인가?   정 재 영

헤라클레이토스(Herakleitos, 기원전 540?~기원전 480?)는 수수께끼 같은 인물이다. 그의 생각을 도통 짐작하기 어렵기 때문이다. 그에게는 여러 이미지가 있다. 그는 '어둠의 철학자'다. 맞다. 그런 구석이 있다. 그의 철학은 음울하다. 그런 면도 있다. 그래서 '우는 철학자'라고도 한다. 그가 하는 말은 알쏭달쏭하다. 그 말도 맞다. 그래서 그를 '난해한 철학자'라고 부르기도 한다. 그런데도 그의 말은 묘하게도 우리 생각을 자극한다. "그의 생각의 밑바닥에 도달하기 위해서는 긴 밧줄이 있어야 할 것 같다."는 소크라테스의 말에 나는 동의한다.

어둡고 조소적인 철학자 헤라클레이토스
변화를 세계의 원리로 보다

헤라클레이토스 철학의 밑바닥에 접근하기 위해서 우리는 다섯 개의 밧줄을 내린다. 그를 읽는 다섯 개의 코드라고 해도 좋다. 그중 첫 번째 밧줄은 작가 디오게네스 라에르티오스(Diogenes Laertius)가 제공한 고대 그리스 철학자들에 대한 전기다. 이 전기는 신뢰도가 크게 떨어지기는 하지만 독자 편에서는 고대 철학자들의 일화가 많이 소개되어 있어서 쉽고 흥미진진하게 읽힌다는 덕목이 있다. 헤라클레이토스를 어두운 철학자 또는 우는 철학자로 기술한 대목도 이 책에서 나온다. 헤라클레이토스에 대한 기록은 단편적이다(하기는 소크라테스 이전 철학자가 다 그렇다). 그가 언제 태어났고 언제 죽었는지 생몰 연대도 정확하지 않다. 다만 고대 올림피아 69회 경기가 열린 기원전 500년 무렵에 왕성한 활동을 했으며, 소아시아에 있는 도시 에페소스의 귀족 출신이라는 점에 대해서는 철학사가들의 의견이 모아진다.

디오게네스 라에르티오스가 쓴 전기를 통해서 본 헤라클레이토스는 한마디로 괴팍한 철학자다. 고귀한 가문에서 태어났지만, 모든 지위는 동생에게 넘기고 자신은 산속에서 은둔하며 살았다. 그는 오만하고 방자했다. 인간의 무지를 비웃고, 지혜 있는 현인들에게 독설을 퍼

부었다. 그의 죽음도 우스꽝스럽기 짝이 없다. 그는 수종에 걸리자 외양간으로 가서 소똥에 자신을 묻었다. 그리고 생을 마감했다.

그가 남긴 1백 개가 넘는 단편 중에서는 인간의 어리석음과 현인이라 불리는 사람들에 대한 비판이 유독 많다. "사람들은 서투른 시인들을 믿고, 천민들을 스승으로 삼는다."라고 비웃고, 철학자 "피타고라스(Pythagoras)는 허튼 소리를 하는 사람들의 원조"이며 역사학자 "호메로스(Homeros)는 강연에서 쫓겨나고 두들겨 맞을 만하다."라고 모욕의 말을 던지고 있다. 그는 어둡고 조소적인 철학자였다.

만물의 근원은 불이다
불은 세계의 원질이 아닌, 세계를 움직이는 원리

헤라클레이토스를 이해하기 위한 두 번째 밧줄을 내려 보자. 이 접근은 헤라클레이토스를 만물의 근원이 불이라고 주장한 철학자로 보는 것이다. 상식 책이나 퀴즈에 많이 등장하는 접근이다. 만물의 근원을 물이라고 말한 탈레스, 공기라고 본 아낙시메네스, 흙이라고 주장한 크세노파네스와 함께 묶어서 고대 그리스 철학자의 계보를 정리하는 일목요연한 방식이다. 이 밧줄로 생각의 흐름, 또는 철학의 역사를 정리하면 편한 측면이 있다. 위에서 정리된 4개의 답(물, 공기, 흙, 불)을 모두 묶으면 4원소설을 주장한 엠페도클레스(Empedocles)의 주장이 되고, 여기에 제5의 원소 에테르를 포함하면 고대 그리스 철학을 완성한 아리스토텔레스의 자연 철학이 된다. 만물의 근원 찾기 게임을 계속할 수도 있다. 피타고라스는 만물의 근원을 수로 읽은 철학자, 데모크리토스는 만물의 근원을 원자로 읽은 철학자가 된다. 이렇게 우리는 만물의 근원이라는 밧줄로 굴비 꿰듯 고대 그리스 자연 철학을 줄줄 엮을 수도 있을 것이다.

엠페도클레스(기원전 493?~기원전 430?)는 고대 그리스의 철학자로 세상의 모든 만물은 바람·불·물·흙 등 4개의 원소로 이루어졌다고 주장했다.

여기서 잠시 멈추어 생각해 보자. 만물의 근원은 무엇인가 하는 질문을 던진 최초의 철학자는 앞에서 이미 소개한 바 있는 탈레스다. 그는 이 훌륭한 질문으로 서양 철학의 아버지라는 영예를 얻었다. 어떤 점에서 훌륭한 철학자는 멋진 답변을 하는 사람이 아니라 멋진 물음을 던지는 사람인지도 모른다. 물론 탈레스는 자신이 제기한 질문에 최초의 답을 제시한 인물이기도 하다.

여기서 근원이란 '아르케(arche)'라는 말의 번역어다. 아르케는 근원(source)이라는 뜻 말고 원리(principle)라는 뜻도 포함되어 있다. 따라서 만물의 근원이 무엇이라고 이야기할 때는 왜 그것이 만물의 근원이 되는지 그 원리를 분명하게 이야기해 주어야 한다.

헤라클레이토스는 왜 만물의 근원을 불이라고 보았는가? 또 그 원리를 어떻게 설명했는가? 그는 탈레스에서 시작한 밀레토스 학파처럼 그 점을 분명하게 이야기하고 있는가? 아니다. 그렇다면 그에게 어둡고 난해하며 수수께끼를 던지는 철학자라는 수식어가 붙을 리가 없다.

그는 불에 대해 이런 말을 남겼다. "불의 죽음이 공기에게는 생겨남이고, 공기의 죽음이 물에게는 생겨남이다." 그는 또 이런 말도 했다. "모든 것은 불의 교환물이고, 불은 모든 것의 교환물이다. 마치 물건들이 금의 교환물이고, 금은 물건들의 교환물이듯이." 헤라클레이토스의 말은 모호하지만, 그가 말하는 불의 개념은 밀레토스 학파의 자연 철학처럼 세계를 구성하는 물질적 원소를 지칭하는 것이 아니라 세계를 움직이는 원리를 가리키고 있다고 보는 편이 더 낫다. 그렇다. 헤라클레이토스의 지적은 불이 세계의 원질이 아니라 원리라는 측면에 방점을 찍고 있다고 보아야 한다. 그 원리는 만물은 변화하고 생성한다는 원리다. 여기서 우리는 세 번째 밧줄을 내린다.

"우리는 같은 강물에 두 번 발을 담글 수 없다"
만물은 변화하고 생성한다

헤라클레이토스 철학을 만물의 근원은 불이라는 명제로 정리하는 것이 탈레스식으로 헤라클레이토스를 읽는 법이라고 한다면, 만물은 변화하고 생성한다는 명제로 그의 철학을 정리하는 것은 플라톤과 아리스토텔레스식의 독해법이라고 할 수 있다.

"우리는 같은 강물에 두 번 발을 담글 수는 없다."는 철학적 격언은 헤라클레이토스 철학에서 가장 유명한 말인지도 모른다. 이 말의 뜻은 간단하다. 강물은 끊임없이 흐른다. 우리가 첫 번째 발을 담그는 물은 이미 하류로 흘러갔다. 그래서 두 번째 발을 담그는 물은 첫 번째 담그는 바로 그 강물이 아니다. 이것을 일반화하면 "만물은 유전한다."는 격언이 나온다. 이 정식을 확장하면 변화한 것은 강물뿐이 아니다. 강물에 발을 담그는 나도 다르다. 첫 번째 발을 담그는 나와 두 번째 발을 담그는 나는 동일한 내가 아니라는 이야기다. 같은 강물에 두 번 발을 담글 수 없다는 이 유명한 이야기는 플라톤의 대화편《크라틸로스》에 나온다. 이 강물의 은유를 플라톤과 아리스토텔레스는 자신들의 철학에 주춧돌을 놓는 데 이용했다. 플라톤은 변화하는 세계와 별도로 변화하지 않는 세계가 있다고 상정했다. 끝없이 흐르고 변화하는 세계

에페소스에 있는 아르테미스 신전의 터.
지금은 유일하게 기둥만 남아 있다.
뒤편 경사면에 헤라클레이토스가 살았던 옛 에페소스 시가 있었다.

에 대한 지식은 있을 수 없기 때문이었다. 그래서 플라톤은 변화와 생성, 그리고 다양성을 중시하는 헤라클레이토스와 존재와 진리, 그리고 '일자(一者)'를 중시하는 파르메니데스를 대척점에 놓고 이데아 이론(이 책의 〈플라톤 편〉 참조)을 발전시켰다. 그러나 의문은 남는다. 과연 만물이 유전한다는 것이 헤라클레이토스가 정말 강조하고 싶은 말이었을까? 나는 고개를 젓는다. 헤라클레이토스의 강조점은 만물이 유전한다는 데 있지 않다. 그는 세계가 겉으로 보이는 대로 있는 것이 아니라는 점을 강조하기 위해서 수많은 수수께끼를 만들어 낸 철학자로 보아야 한다. 그는 "세계(피시스)는 숨기를 좋아한다."고 했다. 그는 숨어 있는 세계를 드러내기 위해서 역설을 동원한 것으로 봐야 한다. 이제 우리는 네 번째 역설의 밧줄을 내린다.

세계는 본래 서로 반대되는 대립 항의 통일 역설을 통해 조화를 이야기하다

사실 그가 하는 이야기는 거의 예외 없이 역설이다. 예를 들면 이런 식이다. "오르막길과 내리막길은 같은 것이다." "삶과 죽음, 깨어남과 잠듦, 젊음과 늙음은······같은 것이다." "건강을 달콤하게 만들고 좋게 만드는 것은 병이며, 배부름을 달콤하고 좋게 만드는 것은 배고픔이고, 휴식을 달콤하고 좋게 만드는 것은 피곤함이다." 겉으로 볼 때 서로 대립하는 것처럼 보이는 것은 실제로는 둘이 아니라 하나라는 이야기다. 어쩌면 그의 말이 모호하고 역설로 가득한 것은 세계가 본래 이렇게 서로 반대되는 대립 항의 통일이라고 보았기 때문인지도 모른다. 그에게 세계는 서로 대립해서 싸우면서 동시에 서로 융합하는 것이다. 그는 상호 대립적인 것인 동시에 하나의 통일을 이룬다는 점을 활의 비유를 통해서 설명하기도 했다. "어떻게 자신과 불화하면서 그 자신과 일치하는지를 사람들은 이해하지 못한다. 그것은 마치 활과 리라(고대 그리스의 작은 현악기)의 경우처럼, 반대로 당기는 조화다."

헤라클레이토스가 남긴 단편들을 퍼즐 조각처럼 이어서 하나의 그림을 그려 본다면 그의 최종 목표는 만물의 유전을 강조하는 데 있지 않고 서로 다투고 있는 만물 사이의 조화에 있다. 모든 생성과 운동을 규정하는 역동적 질서를 그는 보여 주고자 했던 것이다. 서로 대립하는 것의 조화에 대해서 헤라클레이토스는 여러 이름으로 그 원리를 설명한다. 그는 이렇게 말한다.

신은 낮이며 밤이고, 겨울이며 여름이고, 전쟁이며 평화고, 포만이며 굶주림이다. (불이) 향료들과 함께 섞일 때 각각의 향에 따라 이름 붙여지듯이 신은 그렇게 변화한다.

여기서 낮/밤, 겨울/여름, 전쟁/평화, 포만/굶주림 등 대립자는 서로 갈등하지만 그것은 실제로는 모두 같은 것이다. 그는 신의 이름으로 그 원리를 설명한다. 이 대목에서 물어보자. 신은 변화하는 것인가, 아니면 변화하지 않는 것인가? 헤라클레이토스는 비유를 통해서 그것을 설명한다. 향료를 불에 넣어 태우면 향료에 따라 각각 다른 향기가 피어난다. 이때 불은 그 향기에 따라 다른 이름으로 불린다. 우리가 경험하는 것은 향이지, 불이 아니다. 그러면 이때 불은 향과 구분이 되는가? 또 대립자들을 하나로 품은 신은 대립자들과 구분이 되는가? 그는 그렇다고 말한다. 이것을 그는 '로고스(logos)'라고 부른다.

로고스는 모든 것이 변화하고 생성하는 것처럼 보이는 세계에 질서를 부여하는 조화의 원리다. 이것이 헤라클레이토스가 진정 말하고 싶었던 것이 아니었을까? 로고스는 변화하는 것이 아니다. 그것은 영원히 존재하는 것이다. 로고스는 서로 반대되는 것들이 분리되고 서로 대체되는 관계를 지칭하며, 또 대립과 통일을 지배하는 원리를 가리킨다. 또 모든 생성과 변화를 규정하는 질서를 말한다. 그래서 그는 우리에게 항상 로고스에 귀를 기울이라고 주문한다. "나에게 귀를 기울이지 말고 로고스에 귀를 기울여, '만물은 하나다(hen panta einai)'라는 데 동의하는 것이 지혜롭다." 여기서 헤라클레이토스는 놀랍게도 '만물은 하나'라는 말을 한다.

생성과 변화를 강조한 철학자 헤라클레이토스가 내린 결론이 생성과 변화를 부정한 파르메니데스가 내린 결론과 일치한다는 사실이 무릎을 치게 한다. 그래서 극과 극은 서로 통한다고 하는가? 나는 조심스럽게 헤라클레이토스 철학의 밑바닥에 접근 가능한 가장 길고 튼튼한 밧줄이 로고스라고 상정한다. 탈레스를 시조로 하는 밀레토스 학파의 핵심 개념이 '아르케'이고, 피타고라스 철학의 핵심 개념이 수로 표현할 수 있는 '코스모스'라고 한다면, 헤라클레이토스 철학의 근간을 이루는 개념으로는 로고스를 꼽아야 한다.

생성과 변화를 규정하는 질서 로고스
모든 것은 변화하지만
만물은 하나라는 역설적인 결론

헤라클레이토스는 생전에 제자를 두지 않았다. 당연하다. 그는 철저하게 외톨이었고 독불장군이었다. 그러나 그가 던진 1백 개가 넘는 수수께끼 같은 단편과 그가 해결의 열쇠로 제시한 로고스는 많은 이들을 자극했다. 기독교에 관심이 있는 이는 로고스가 기독교 사상의 뼈대를 이루는 개념이라는 점을 떠올릴지도 모르겠다. "태초에 말씀이 있었다."는 《요한복음》의 첫 구절의 '말씀'에 해당하는 원개념이 바로 로고스기 때문이다. 예수의 열두 제자의 한 명이자 《요한

복음》의 저자인 사도 요한이 예수의 사후에 예수의 어머니 성모 마리아를 모시고 살았던 도시 에베소는 헤라클레이토스가 살았던 에페소스를 가리킨다. 여기서 우리는 헤라클레이토스의 로고스가 5백 년의 시간을 뛰어넘어 초기 기독교 사상의 형성에 씨를 뿌렸다는 단서를 잡는다.

헬레니즘 시대에 형성되어 로마 시대에 절정을 이룬 스토아 철학의 연원도 따지고 보면 헤라클레이토스 철학으로까지 거슬러 올라간다. 로고스를 따르라는 것이 바로 스토아 철학의 뼈대를 이루고 있지 않은가? 이렇게 서양 사상의 원류를 이룬 그리스적 전통과 기독교적 전통이 헤라클레이토스의 로고스를 매개로 서로 손을 잡는다. 근대에 와서도 헤라클레이토스 철학은 그 맥이 이어진다. 아니, 근대 철학의 원류가 그로부터 시작되었다고 해도 그리 큰 과장은 아니라고 생각한다. 생전에 제자 한 명 두지 않은 헤라클레이토스는 사후 수많은 제자들을 길러 낸 셈이다. 특히 근대 철학의 끝자락에 위치한 헤겔이 그렇고, 탈근대 철학의 앞자리에 있는 니체가 그렇다.

헤겔이 내세운 "철학은 사상으로 파악된 그 시대"라는 명제는 헤라클레이토스식으로 말하면 사상은 역사적으로 흐르는 하나의 운동이라는 것이다. 헤겔은 잘 알려져 있듯이 사상이 변증법적 운동을 하는 것으로 이해한다. 그런데 누가 이 법칙을 최초로 발견했을까? 헤겔에 따르면 이 법칙의 발견자는 바로 헤라클레이토스다. 그는 낮과 밤,

여름과 겨울, 전쟁과 평화, 건강과 질병, 삶과 죽음 등 대립 항이 공존해 있다는 것을 주장한다. 이 대립 항은 투쟁 또는 전쟁 상태에 있다. 그래서 사람들은 서로 화해할 수 없다고 여긴다. 그러나 헤라클레이토스는 이 대립적 양상이 '감추어진 조화'라는 것을 주목한 최초의 철학자다. 니체는 헤라클레이토스의 또 다른 제자다. 니체는 헤겔과는 달리 변화의 원리를 변증법적으로 보지 않았다. 니체는 변하지 않고 영원하다고 믿는 모든 것은 삶에 대한 자기 보존을 위한 가치라고 생각했다. 플라톤이 부르는 이데아나 기독교에서 말하는 신, 또는 도덕 규칙은 아무것도 아닌 '니힐[nihil, 무(無)]'이다. 니체가 보기에 헤라클레이토스는 니힐리즘(nihilism)의 본질을 꿰뚫어 본 고대 철학자다.

이제 우리는 고대의 이 괴팍한 철학자와 떠날 시간이다. 여러분은 헤라클레이토스 철학을 누구의 밧줄로 묶을 것인가? 플라톤의 변화 생성하지 않는 밧줄로 묶을 것인가, 아니면 헤겔의 변화 생성하는 밧줄로 묶을 것인가? 사도 요한의 눈으로 로고스를 세계의 구원으로 해석할 것인가, 아니면 니체의 눈으로 로고스를 철저한 부정으로 볼 것인가? 우리는 그를 또 다른 장에서 만날 것을 예감한다.

Parmenides

"파르메니데스"

변화는 불가능한 것인가?

― 홍 성 기

이탈리아 나폴리에서 해안을 따라 남쪽으로 150km 정도를 내려가면 바다가 보이는 구릉 위에 고대의 유적지가 남아 있는 작은 마을 벨리아(Velia)가 나타난다. 이제 시간의 화살을 되돌려 벨리아의 역사를 거슬러 올라가면, 기원전 540년경에 세워진 그리스의 식민지 엘레아(Elea)가 보인다. 여기가 바로 기원전 515년경 파르메니데스(Parmenides, 기원전 515?~기원전 ?)가 태어난 곳이다.

동서를 막론하고 고대 철학의 제1 주제는 '변화'였다. 변화가 철학의 주제로 등장한 이유를 추측하기란 어렵지 않다. 계절과 자연의 변화, 그리고 무엇보다도 인간의 삶을 이루는 생로병사(生老病死) 모두가 변화에 속하며 삶의 의미에 대해 생각해 본 사람이라면 누구나 "우리는 어디서 와서 어디로 가는가?"라는 질문을 던져 보지 않을 수 없다. 수요가 있으면 공급이 있는 법. 종교, 신화, 철학이 나름대로 이 어려운 질문에 답을 제공해 왔다. 심지어 헤라클레이토스는 변하지 않는 것이라고는 "모든 것은 변한다."는 사실 하나뿐이라고 주장했다. 그러나 우리는 헤라클레이토스의 강물에 뛰어 들기 전에 잠깐 생각해 볼 점이 있다. 도대체 무엇이 변한다는 것인가?

고대 철학의 영원한 주제, 변화
그런데 도대체 무엇이 변한다는 것일까?

실제로 우리는 조금만 생각해 보면 변화의 주체가 없어도, 또 있어도 문제가 발생함을 알 수 있다. 일단 변화의 주체가 없다면 변화에 대해 아무런 이야기도 할 수 없다는 점은 분명하다. 물론 우리는 일상생활 속에서 "우유가 변질됐다." "철수야, 너 많이 변했다!" 등 변화의 주체에 대해 자연스럽게 이야기한다. 이때 변화란 한편으로는 시간의 흐름과 함께 변화의 주체가 달라졌다는 것을 의미하지만, 다른 한편으로는 그 주체가 시간의 흐름 속에서도 '자신의 동일성'을 유지할 것을 전제하는 것이다. 즉, 변화의 주체는 상이성과 동일성의 이중적 성격을 갖고 있어야만 하고 이 점은 금방 문제를 일으킨다.

예를 들어 시점 t_0의 철수가 시점 t_1에서 다른 상태가 되었을 경우, 누가 변화의 주체일까? 만일 두 시점의 '철수들'을 서로 다른 존재라고 볼 때 변화를 언급하는 것은 무의미하다. 왜냐하면 동화나 신화 속이 아니라면 '곰이 여자로 변화한다.'는 것은 불가능하기 때문이다. 만일 변화의 주체가 두 시점의 철수들 모두를 포함하고 있다면, 변화를 이미 포함하고 있는 것이 또 변했다는, 이른바 '이중 변화의 문제'가 발생한다.

파르메니데스는 변화의 주체가 갖는 이중성의 문제점을 정확히 통찰했다. 여기서 그는 헤라클레이토스와는 정반대로 "변화란 없다."라는 결론을 내림으로써 지중해 철학에 새로운 전기를 불러왔다. 그렇다면 파르메니데스는 어떤 논증을 통해 변화를 부정했을까?

"존재하는 것은 하나의 연속적인 전체다" "변화란 없다"고 결론 내린 파르메니데스

그의 글로는, 6세기경에 활동했던 신플라톤주의자 심플리키우스(Simplicius)의 저작에 인용되어 단편(斷片)으로 남은 철학 시 《자연에 대하여(peri physeos)》가 전해지고 있다. 파르메니데스는 이 시에서 두 종류의 탐구의 길을 제시하고 있다. 하나는 사실과 부합하는 '진리(aletheia)의 길'이고, 다른 하나는 단순한 억측에 불과한 '의견(doxa)의 길'이다.

이제 변화의 가능성 여부를 놓고 이 두 개의 길이 어떻게 갈라지는

지 구체적으로 살펴보자. 우선 파르메니데스는 "있지 않은 것에 대해서는 생각할 수도, 지시할 수도, 알 수도, 말해질 수도 없다."는 점을 강조한다. 왜냐하면 "실행 가능한 일이 아니기" 때문이라는 것이다. "존재하지 않는 것에 대해 생각하거나 말할 수 없다."라는 파르메니데스의 주장에 대해서는 많은 논란이 있어 왔다. 왜냐하면 우리는 존재하지 않는 도깨비나 전설의 동물에 대해 이야기하고 생각할 수 있기 때문이다.

그러나 그의 주장을 가장 쉽게 이해할 수 있는 길은 '사물에 대해 그림이나 영상으로 생각해 보는 것'이다. 사진의 경우 없는 대상을 찍을 수 없으며, 그런 점에서 사진이나 지도 등과 같은 그림으로는 그 어떤 부정적 묘사, 즉 부정문이 불가능하다.

이제 변화가 불가능하다는 것을 증명하는 데에는 큰 어려움은 없다. 만일 어떤 대상 A가 B로부터 생성되었다면, B는 존재하든지 아니면 존재하지 않든지 둘 중의 하나다. 우선 B가 존재하지 않는다면 우리는 B에 대해서 생각할 수도 알 수도 없으므로 '무(無)에서 유(有)가 생성되었다.'라고 말하는 것은 아무런 의미도 없다. 다음으로 B가 존재하는 경우엔 두 가지로 나누어 생각할 수 있다. 첫째, B와 A 사이에 간격, 즉 아무것도 없는 공간이 있다고 가정할 경우에는 사실상 A가 무(無)에서 생성되었다고 주장하는 것과 다름이 없고, 그것은 이미 논박되었다. 둘째, B와 A가 붙어 있을 경우 B와 A를 구별할 이유가 없다.

즉, B와 A는 하나의 존재이며 이 경우 'A가 자기 스스로부터 생성되었다.'는 것이 무의미하다는 점에서 역시 부정될 수 있다.

예를 들어 '우유가 요구르트로 변했다.'는 주장을 살펴보자. 어느 순간에 우유가 요구르트로 변했을까? 우유로 남아 있는 한 요구르트가 아니므로 위 주장은 거짓이고, 이미 요구르트가 되었다면 변화의 주체가 우유가 아니므로 역시 거짓이다. '우유이기도 하고 요구르트이기도 한 것'이나 '우유도 아니고 요구르트도 아닌 것'이 요구르트로 변했다는 것 역시 위 주장과 일치하지 않는다. 우리가 당연하다고 보는 '변화'란 논리적 분석을 해 보면 사실 이해할 수 없는 주장이 되고, 동시에 변화의 주체도 찾을 수가 없어 상태 변화의 시점도 오리무중이 된다.

파르메니데스는 무엇으로부터 무엇이 생성된다는 생성의 주체에 대한 분석을 통해, 그 어떤 경우에도 생성은 불가능하다는 결론을 내렸다. 이 논증은 소멸의 경우와 나아가 모든 상태 변화에 대해서 같은 방식으로 진행될 수 있다.

결국 파르메니데스는 "존재하는 것은 생성되지도 소멸되지도 않으며, 나누어질 수 있는 것도 아니고, 더 많이 있지도 않고, 더 적게 있지도 않은 하나의 연속적인 전체"라고 결론 내린다. 이것이 그 유명한 '파르메니데스의 일자(一者, 나눌 수 없는 실재)'다.

나와 너는 태어나고 머물다 사라진다
그런데 변화가 불가능하다니
이 역설의 의미는 무엇일까?

그렇다면 사실과 부합하는 '진리의 길'과 단순한 '의견의 길'이 갈라지는 이유는 무엇일까? 그것은 생성과 소멸을 믿는, 따라서 '죽을 수 있는 사람(可死者)'이라고 파르메니데스가 부르는 사람들이 '있지 않음'을 탐구의 길에 도입하여 '있음'과 뒤섞은 데에 있다. 바로 그런 이유로 그는 죽을 수 있는 사람에게는 "있음과 있지 않음이 같은 것으로, 또 같지 않은 것으로도 통용되고 있다."고 비난한 것이다. 예를 들어 생성되기 전의 상태를 '없음'이 아님에도 '없는 것'으로, 소멸된 후의 상태도 '없음'이 아님에도 '없는 것'으로 치부해야만 생성과 소멸을 주장할 수 있고, 동시에 '생성'과 '소멸'이라는 개념 자체가 있음과 없음을 나누고 있다는 것이다. 파르메니데스에서 우리는 철학적으로 일관되고 의미 깊은 논증의 한 전형을 보고 있다.

결국 '의견의 길'을 떠나 '진리의 길'로 가기 위해서는 생성, 소멸, 변화 등 존재와 관련된 여러 개념에 대한 명석한 논리적 분석과 이성적 판단이 필요하고, 그 핵심은 서로 모순되는 개념을 뒤섞지 않는 데에 있음이 분명해졌다. 그리고 지중해의 푸른색과 해안의 흰 색이 선명히 나누어지듯 명석한 이성적 판단은 놀랍게도 변화의 주체를 흔적도 없이 사라지게 했다.

바꿔 말해, 철학자들이 시간과 공간에 연장(延長)된 존재, 즉 지금 여기에, 그러나 나중에 저기에도 있을 수 있고 그 사이에 연속적으로 지속된다고 간주되는 개체(個體), 예를 들어 나와 너, 이 나무와 저 나무가 서로 독립적 존재라는 생각은 파르메니데스의 일자 속에서 흔적도 없이 사라졌다.

여기서 이성에 의한 진리의 길이 그 투명한 논리적 명징성에도 불구하고 상식적 세계와 도저히 타협할 수 없을 정도로 착잡한 충돌을 하고 있음을 부인할 수는 없다. 왜냐하면 우리가 살고 있는 상식의 세계에서 너와 나, 이 나무와 저 나무는 태어나고 자라고 머물다 사라지는 그런 개체들이기 때문이다.

그러나 서양 철학사는 이 견디기 어려운 진리와 의견 간의 넘을 수 없는 깊은 심연을 거꾸로 본격적인 존재론, 즉 형이상학의 시발점으로 간주해 왔다. 그것은 감각 기관을 통한 경험 세계와 이성의 빛을 통한 실재 세계와의 간격을 인정하자는 것이다. 경험 세계 저편에 존재하는 플라톤의 이데아란 파르메니데스의 생성도 소멸도 없는 완벽한 일자(一者)에서 일자를 떼어내고 다자(多者)로 나눈 후, 그것을 사물들의 원형(原形)으로 간주한 일종의 '파르메니데스 변주곡'이라고 할 수 있다.

상식에 반대되는 파르메니데스의 일자 개념
변화를 경험하는 이 세계에서
변화의 불가능을 주장하나

근자에 번역·출간된 파르메니데스에 대한 책에서 번역자들은 플라톤을 히말라야의 에베레스트에, 파르메니데스를 K2에 비유했다. 즉, 에베레스트보다 K2가 더 난이도가 높듯이 플라톤보다 파르메니데스를 이해하는 것이 더 어렵다는 것이다. 실제로 파르메니데스의 일자는 우리의 상식에 너무나 반대되어 이 일자의 세계를 '이해한다'는 것이 무엇을 말하는지 조차도 분명하지 않다. 바로 그런 이유로 철학사가들은 파르메니데스가 실재하는 진리의 세계와 경험을 통한 의견의 세계 간에 간극을 설정하는 '심오한' 해석을 했다. 그러나 우리는 이 심오한 해석이 혹시 '벌거벗은 임금님의 옷'은 아닌지 하는 의구심을 떨칠 수가 없다. 파르메니데스는 없는 것은 생각할 수도 지시할 수도 없다고 하면서, 있는 것은 생각할 수 있다고 보았다. 그렇다면 같은 맥락에서 있는 것은 지시할 수 있다고 보는 것이 자연스럽다. 그러나 지시한다는 것은 손가락으로 무엇인가를 가리키는 것이고, 그러기 위해서는 무엇보다도 보거나 듣거나 감촉할 수 있어야 한다. 즉, 지시의 대상은 감각 기관을 통해 경험 가능해야만 한다.

바꿔 말해 파르메니데스의 일자는 경험 저편에 존재하는 그 어떤 세계가 아니다. 바로 우리가 손가락으로 지시할 수 있는 눈앞의 세계인 것이다. 이 점은 그의 제자였던 제논(Zenon, 그리스의 철학자이자 수학자로, 아리스토텔레스가 '변증법의 발명자'라고 부른 인물)의 역설에서 더욱 분명해진다. 달리기 선수 아킬레스와 거북이가 경주를 하는데, 조건은 거북이가 5m(사실 이 길이는 0보다 크기만 하면 된다) 앞에서 시작하면 아킬레스가 결코 거북이를 따라잡을 수 없다는 주장이다. 왜냐하면 아킬레스가 5m를 따라잡으려는 시간에 거북이는 얼마만큼 더 앞으로 나아갔을 것이고, 그 길이만큼 아킬레스가 따라잡으려는 시간에 거북이는 또 얼마만큼 나아갔을 것이고…등등. 이 과정은 끝없이 반복될 수 있으므로 결코 아킬레스가 거북이를 따라잡을 수는 없다.

달리기가 경험을 초월하는 세계에서 벌어진다면 아킬레스가 거북이를 따라가지 못한다고 해서 놀랄 일은 아니다. 그것은 손오공이 구름을 타고 날아다닌다고 해서 놀랄 필요가 없는 것과 마찬가지다. 바꿔 말해, 아킬레스와 거북이의 경주가 역설로 간주되는 것은 우리의 경험과 배치되기 때문이다.

자신의 고향 엘레아의 법을 만든 존경 받는 시민 파르메니데스가 법을 지킬 경우와 지키지 않을 경우 어떤 차이, 즉 어떤 일이 일어나고 일어나지 않을지 몰랐다는 것은 상상할 수 없다. 또 엘레아의 폭군을 암살하려 했다가 실패하여 사형당한 것으로 알려진 파르메니데스의 제자 제논이 '암살'이 어떤 변화를 갖고 오는지 몰랐다는 것도 상상할 수 없다. 파르메니데스가 K2처럼 난이도 높은 철학자인 것은 실재와 경험 간의 간극을 깨달았기 때문이 아니라 우리가 매 순간 변화를 경험하는 바로 이 세계에서 변화의 불가능을 주장했기 때문이다. 파르메니데스의 일자를 논리적으로 부정하든지, 아니면 그 일자를 경험 세계와 화해시키든지 양자택일이 필요할 수밖에 없다. 과연 어떤 길이 옳을까?

Demokritos

"데모크리토스"

꽉 찬 것과 텅 빈 것의 세계 ———— 박일호

버그가 발생했다. 경고등이 울리고 전문가들이 몰려온다. 몰려든 전문가들은 버그를 해결할 다양한 방법들을 제안한다. 버그가 성공적으로 제거되면 한동안 잠잠하겠지만, 곧 또 다른 버그가 나타날 것이다. 사실 이 '버그'라는 말은 낯설지 않다. 그것은 컴퓨터 프로그램이나 시스템의 오류를 뜻한다. 우리가 흔히 듣는 '프로그램을 업데이트 한다.'는 말에는 버그를 제거한다는 의미도 포함되어 있을 것이다. 하지만 이런 '버그'와 같은 것은 프로그램에만 있는 것은 아니다. 비유적으로, 인류의 지성사도 역시 어떤 의미에서 버그를 제거하는 과정이라고 생각할 수 있다.

당연히 철학도 예외가 아니다. 철학에는 수많은 버그가 있었으며, 지금도 많은 버그들이 있다. 이른바 위대하다고 불리는 철학자들은 해결하기 힘든 버그를 만들어 냈거나 그런 버그들을 납득할 만하게 해결한 사람들이다. 단순하게 말하자면, 중세의 토마스 아퀴나스는 당시 기독교와 아리스토텔레스주의 사이에서 발생한 버그를 해결하는 데 중요한 공헌을 했으며, 칸트는 근대 합리론과 경험론 사이에 발생한 버그의 해결책을 제시했다.

버그? 철학도 예외는 아니다
철학에서도 버그가 발생하고 해결책이 제시된다

지금부터 다루게 될 버그는 철학사에 있어 가장 오래된 것 중에 하나다. 이 버그를 제시한 사람은 바로 파르메니데스다. 앞에서 이미 다뤘듯이, 그는 변화(그리고 운동)는 불가능하다는 것을 논리적으로 증명했다. 다소 어렵고 오해의 여지가 있지만, 이야기를 더 진행하기 위해 파르메니데스의 증명을 간단히 정리해 보자. 중요한 점은 '변화'를 '무(無, 없는 것, 비존재)에서 유(有, 있는 것, 존재)가 나오는 것'으로 생각한 데 있다. 우리는 '무에서 유가 나올 수 있다.'는 것을 인정할 수 있는가? 물론 파르메니데스는 이것을 받아들이지 않는다. 에너지 보존 법칙을 염두에 둔다면, 21세기의 우리 역시 이것을 받아들이기란 쉽지 않을 것이다. 따라서 '무에서 유가 나온다.'는 의미의 '변화' 역시 인정할 수 없다.

하지만 문제는 이런 논리적인 증명이 우리의 경험, 혹은 상식과 맞지 않는다는 것이다. 파르메니데스가 뭐라고 논증하든 지구는 움직이고 있고, 나는 늙어 가고 있다. 운동이 불가능하다고 논리적으로 아무리 나를 설득하려고 해도, 나는 날아오는 총알 앞에 절대로 머리를 내밀지 않을 것이다. 논리적으로 문제없어 보이는 파르메니데스의 주장이 우리의 경험과 충돌하는 것이다. 버그가 발생했다. 경고등이 울리고 전문가들이 몰려온다. 몰려온 고대 그리스의 전문가들 중에는 엠페도클레스(Empedocles), 아낙사고라스(Anaxagoras), 레우키포스(Leucippus), 데모크리토스(Democritos) 등의 다원주의자들이 있다. 물론, 플라톤과 아리스토텔레스도 몰려든 전문가들 중에 한 명이다.

고대 그리스의 원자론자
레우키포스와 데모크리토스
변화는 무에서 유가 나오는 것이 아니다

몰려든 전문가들은 어떻게 버그를 제거하는가? 한 가지 방법은 무에서 유가 나올 수 있다고 논증하는 것일 테다. 하지만 그들 중에서 그 누구도 이런 방법을 사용하지 않는다. 그들 모두 '없는 것에서 있는 것이 나타날 수 없다.'는 것을 파르메니데스의 중요한 유산으로 받아들인다. 그럼 다른 방법은 없는가? 물론 있다. '변화'를 '무에서 유가 나오는 것'이라고 생각하지 않으면 된다. 파르메니데스와 다른 방식으로 '변화'를 설명하면 되는 것이다. 바로 이것이 위에서 언급한 철학자들이 사용한 방법이다. 물론 그들은 모두 다른 방식으로 변화를 설명한다. 이 중에서 우리가 관심을 가지고 있는 것은 레우키포스와 데모크리토스다. 보통 이 둘을 묶어 고대 그리스 원자론자들이라고 부른다.

둘 중 레우키포스에 대해서 알려진 바는 별로 없다. 심지어 헬레니즘 시대(기원전 334~기원전 30)의 대표적인 원자론자라고 할 수 있는 에피쿠로스(Epicurus)는 그가 실존하지 않았던 인물이라고까지 말한다. 레우키포스는 일반적으로 원자론의 창시자이자 데모크리토스의 스승으로 알려져 있지만, 철학적인 맥락에서 이 둘을 구분하는 것은 별 의미가 없다. 그에 비해 데모크리토스에 대해서 알려진 바는 비교적 많은 편이다. 그는 기원전 460년경에 그리스 북쪽 트라키아 지방에 위치한 압데라에서 태어났으며, 젊어서 다른 철학자들보다 훨씬 더 많은 여행을 했다고 한다. 그가 다닌 여행지 목록에는 이집트와 에티오피아는 물론 저 멀리 인도까지 들어가 있다.

데모크리토스의 글은 당대의 다른 철학자들의 글보다 훨씬 많이 남아 있다. 하지만 대부분이 윤리적인 내용을 담은 것이고, 그를 유명하게 만든 원자론에 대한 글은 그리 많지 않다. 잠시 데모크리토스의 윤리적 격언 중에 한 가지를 살펴보자.

"사람에게 가장 좋은 것은 가능한 가장 유쾌하게, 그리고 가능한 가장 괴롭지 않게 삶을 이끌어가는 것이다."

이렇게 유쾌함을 강조했기 때문에 데모크리토스는 '우는 철학자'인 헤라클레이토스와 대조적으로 '웃는 철학자(laughing philosopher)'로 알려져 있다. 이제 이 고대 그리스의 원자론자들이 파르메니데스가 찾아낸 버그를 어떻게 제거했는지 살펴보자. 그들은 어떻게 변화를 파르메니데스와 다른 방식으로 설명하는가? 이를 이해하기 위해서 단순한 과학적 상식을 생각해 보자. 산소(O_2)와 오존(O_3)의 차이는 무엇인가? 우리는 이것을 여러 산소 원자들 사이의 다른 배열을 통해서 설명한다. 산화수은에 열을 가하면 산소와 수은으로 분해된다. 우리는 이것을 어떻게 설명하는가? 이것 역시 '어떤 특정한 방식으로 결합' 되어 있었던 산소와 수은 원자가 열을 받은 이후 '다른 특정한 방식으로 결합' 된다고 설명한다. 즉, 산화수은에 열을 가했을 때 없던 원자가 새롭게 생기는 것이 아니라, 이미 있었던 여러 원자가 새롭게 배열된다고 말할 수 있다. 그리고 우리는 이것을 '변화' 라고 부른다.

새로운 생성이 아닌 이미 있던 것의 새로운 배열
원자론자들은 이것을 '변화' 라고 부른다

이제 이런 설명을 파르메니데스와 비교해 보자. 없던 것에서 무언가 만들어지는 것이 아니라는 점에서 이런 설명은 그의 생각과 일치한다.

물론 다른 점도 있다. 앞에서 이미 살펴보았지만 그에게 존재하는 것은 하나, 즉 일자(一者)다. 하지만 위의 과학적 내용에서 이미 존재하는 것은 하나가 아니라 여러 개의 원자들이다. 그리고 그는 무에서 유가 나오는 것, 즉 새로운 존재가 만들어지는 것을 변화라고 보았지만, 위에서 변화란 이미 있는 것들의 새로운 배열이 된다. 이렇게 현대 과학과 유사한 방식으로 변화를 설명하려고 했던 사람들이 바로 원자론자들이다.

원자론자들은 우리가 일상적으로 경험하는 대상들이 원자들로 구성되어 있다고 말한다. 우주에 있는 원자들의 수는 무한하고, 그 크기와 모양은 무척 다양하다. 그리고 각각의 원자는 완벽하게 꽉 찬 것으로, 원자 내부에는 빈 곳이 없으며, 더 이상 자를 수도 없다.

사실 원자(atom)는 '자를 수 없는'이란 뜻을 가진 그리스어 형용사 'atomos'에서 유래했다. 한편 우리가 일상적으로 관찰하는 대상들의 변화란 이 원자들의 구성이 달라지는 것이다. 다른 말로 한 대상을 구성하는 원자들의 배열이나 수가 달라지는 것이다. 여기서 원자들이 다른 식으로 배열된다는 것을 원자들이 차지한 장소가 달라지는 것이라고 말할 수 있다.

변화를 위해서는 원자가 움직일 공간이 필요
'없는 것'인 허공을
'있는 것'으로 규정하는 사고의 변화

 이런 설명은 원자론자들로 하여금 원자와 전혀 다른 존재를 가정하도록 한다. 예를 들어 생각해 보자. 여기 바둑판이 하나 있다. 그리고 이 바둑판 위에는 바둑알이 가득 차 있어, 더 이상 바둑알을 놓을 자리가 없다. 그럼 바둑판에서 바둑알을 떼어 내지 않고, 그 바둑알의 배열을 바꿀 수 있겠는가? 얼핏 불가능한 것처럼 보인다. 그리고 원자론자들 역시 불가능하다고 생각했다. 바둑알의 배열을 바꾸기 위해서는 원자들이 점유하고 있지 않은 빈자리가 적어도 하나는 필요하다는 것이다. 이제 원자론자들은 꽉 찬 원자와 대비되는 텅 빈 무언가의 존재를 인정할 수밖에 없게 되었으며, 그들은 그것을 허공(void)이라고 불렀다. 그들의 주장에 따르면, 허공의 크기는 무한하며 그 속에서 원자들이 움직이고 있다 [사실 허공이 있어야지만 운동이 가능한 것은 아니다. 순환적인 운동은 꽉 찬 바둑판에서도 가능하다. 데카르트의 '소용돌이 우주론(운동을 우주에 가득 찬 물질들의 소용돌이로 설명하는 이론)'이 대표적인 예다].

 사실 이 '허공'은 철학적으로 특별하다. '허공'이란 '없는 것'을 말한다. 그럼 '허공이 있다.'는 것은 사실 논리적으로 모순이다. 왜냐하면 그것은 '없는 것이 있다.'는 말이 되기 때문이다. 파르메니데스도 이렇게 생각했다. 그래서 그는 허공의 존재를 받아들이지 않았고, 결국 우리의 상식과 다른 결론—변화가 불가능하다—에 이르렀다. 하지만, 원자론자들은 파르메니데스의 논증을 거꾸로 세운다. 그들은 변화가 가능하다는 상식에서 출발한다. 그리고 그것을 구제하기 위해 일견 논리적으로 문제 있어 보이는 '허공(없는 것)이 있다.'는 것을 인정하게 된다. 이제 원자론자들의 세계에서는 원자들이 허공 속을 움직이게 된다. 이런 움직임은 끊임없이 지속된다. 계속 움직이면서 원자들은 서로 충돌해 튕겨 나가기도 하고 서로 얽히기도 한다. 이 과정을 거치면서 원자들은 우리가 일상적으로 보는 대상들과 우주를 형성한다. 여기서 우리는 또 하나의 의문을 가지게 된다. 그럼 이런 원자들은 제멋대로 움직이는 것인가? 아니면 무언가의 지배를 받아 움직이는 것인가?

원자의 운동은 제멋대로인가?
무언가의 지배를 받는가?
모든 것을 물질적 원자로 설명하는 기계적 유물론

　원자론자들은 원자들이 제멋대로 움직인다고 생각하지 않는다. 그들이 보기에, 원자들은 무언가의 지배를 받아 움직이고 있다. 하지만 여기서 '무언가의 지배를 받는다.'는 말에 주의해야 한다. 예를 들어 보자. 아침 7시다. 내 침대 옆에 있는 자명종이 울리기 시작한다. 왜 자명종이 울리는가? 이 질문에 대한 답은 두 가지일 수 있다.

첫 번째 답은 '나를 깨우려고'이다. 두 번째는 '전기적인 작동에 의해서 오늘 아침 7시에 울리도록 자명종을 맞춰 놓았기 때문에'이다. 첫 번째 답은 자명종이 울리게 된 목적을 말하고 있다. 이에 비해 두 번째 답은 목적이 아니라, 자명종의 작동 메커니즘을 언급하고 있다. 원자들의 움직임을 설명할 때도 마찬가지다. 원자들이 어떤 목적을 가지고 움직이고 있다고 말할 수 있고, 아니면 원자들의 작동 메커니즘, 혹은 자연법칙을 제시할 수도 있다. 다른 말로, '무언가의 지배를 받는다.'는 말을 '특정한 목적의 지배를 받는다.'로 생각할 수도 있고, '자연법칙의 지배를 받는다.'로 간주할 수도 있다. 이 두 가지 설명 중에서 원자론자들이 택한 것은 뒤에 것이다. 그들은 목적을 배제하고, 자연법칙을 통한 기계론(모든 현상을 자연적 인과 관계와 역학적 법칙으로 설명하려는 이론)적인 설명을 도입한다.

그리스 원자론자들은 이런 원자의 움직임을 키질에 비유한다. 곡식을 키에 놓고 위로 던졌다 받으면서 껍질은 날려 보내고 낟알만 키에 남겨 놓는 작업과 비슷하게, 원자들은 계속 움직이면서 비슷한 것끼리 모이게 된다. 이런 설명에는 분명 목적이 배제되어 있다. 하지만 이런 고대 그리스 원자론자들의 목적 없는 기계론은 그 후 철학사의 주류를 형성하지 못한다. 목적을 제거해 버린 원자론자들의 생각은 조화로운 목적들의 세계를 상정한 플라톤에 의해서 철저하게 무시된다.

마지막으로 원자론자들에 대해 한 가지만 더 언급하고 마무리하자. 데모크리토스는 우리의 인식 과정, 즉 감각과 사고 모두 원자들을 이용해서 설명한다. 뿐만 아니라, 그는 혼의 존재를 인정했지만, 그 역시 원자들(빠르고 둥근 불의 원자)로 설명한다. 즉, 그는 모든 것을 물질적인 원자로 설명한다. 그에게는 엠페도클레스의 사랑(Love)이나 불화(Strife)와 같은 것은 없으며, 아낙사고라스의 지성(Nous)과 같은 것도 없다. 피타고라스의 신화적인 면은 더더욱 찾아볼 수 없다. 보통 이런 입장을 유물론(materialism)이라고 부른다. 이것은 자연을 설명하기 위해 생명력(vital force)과 같은 것을 상정하는 입장과 대비된다. 고대 그리스 원자론자들이 보여준 유물론과 위에서 언급한 기계론적 철학은 17세기 과학혁명을 지나면서, 보다 세련된 형태로 발전되어 그 위력을 발휘하게 된다.

Protagoras

"프로타고라스"

진리는 상대적인가?

― 정재영

영화를 보면 주인공보다 빛나는 악역이 있다. 그런 영화에서는 이야기를 끌어가는 힘이 주역이 아니라 악역에서 나오는 것처럼 보인다. 영화 속의 주인공은 악역이 쳐 놓은 덫을 단지 빠져나갈 뿐이다. 실질적인 이야기의 주인공은 악역이라는 이야기다.

철학에서도 그런 빛나는 악역이 있을까? 있다. 철학이라는 이름의 영화관에서 가장 악명 높은 이름은 프로타고라스(Protagoras, 기원전 490?~기원전 420?)일 것이다. 그가 철학의 주역들에게 장치한 덫이 상대주의다.

"서양 철학의 역사는 플라톤 철학의 각주"라는 영국 철학자 화이트헤드(Whitehead, 1861~1947)의

1장 고대 · 철학의 탄생

지적이 옳다면, 악역 철학자 프로타고라스의 위치는 더 커진다. 플라톤과 그의 제자들이 보편 철학을 옹호하는 한, 프로타고라스가 제기한 상대주의와 끝없이 대적해야 하기 때문이다.

자연 세계에서 인간 세계로
철학의 물줄기를 돌려놓다

프로타고라스는 소크라테스와 같은 시대를 산 철학자다. 나이는 프로타고라스가 소크라테스보다 많다. 플라톤이 쓴 '대화편'에는 프로타고라스가 자신을 찾아온 소크라테스에게 "나는 나이가 많네. 아마 자네들의 아버지뻘쯤 될 걸세."라고 말하는 대목이 나온다. 프로타고라스가 철학의 역사에서 차지하는 위상을 정확하게 자리 매기기 위해서는 서양 철학의 주역이라고 할 수 있는 소크라테스 철학(철학의 눈으로 볼 때 소크라테스 철학과 플라톤 철학은 서로 구분되지 않는 철학적 동일체다)과의 관련성을 먼저 살펴봐야 한다. 그리스 철학을 구분하는 방식에는 몇 가지 통상적인 분류법이 있다. 그 가운데 하나는 소크라테스를 기준으로 소크라테스 이전과 이후 철학을 구분하는 것이다. 또 다른 방식은 그리스 철학을 식민지 철학과 아테네 철학으로 나누는 것이다. 전자가 시간 질서에 따른 구분법이라면, 후자는 공간 질서로 분류한 셈이다. 그런데 공교롭게도 이 두 가지 방식에 따른 분류는 내용적으로는 거의 정확하게 일치한다. 소크라테스와 플라톤, 그리고 아리스토텔레스 등 사제 관계로 이어지는 그리스 철학의 세 주역이 바로 아테네 철학자들이기 때문이다.

지금까지 이 책에 등장한 그리스 철학자들은 시간적으로는 '소크라테스 이전(pre-Socratic)' 철학자이며, 공간적으로는 아테네 철학자가 아닌 식민지 철학자들이다. 그러면 프로타고라스는? 굳이 분류한다면, 그 또한 소크라테스 이전 철학자이며, 또한 그리스 식민지 철학자다. 그의 고향은 그리스 북쪽 트라키아 지방에 위치한 압데라(Abdera)다. 그런데 프로타고라스를 그렇게 보는 게 과연 옳은가? 프로타고라스는 소크라테스보다 나이가 많지만, 소크라테스와 동시대를 호흡한 사람이다. 아테네 출신은 아니지만, 그가 주로 활동했던 무대는 아테네다. 그에게 아테네는 제2의 고향인 셈이다. 그는 아테네 민주주의의 꽃을 피운 정치가 페리클레스와는 절친한 친구 사이며, 아테네 법을 가다듬었다는 이야기도 전해진다.

더 중요한 사실이 있다. 프로타고라스는 철학의 관심을 자연 세계에서 인간 세계로 이동시킨 철학자라는 점이다. 나는 고대 그리스 철학을 구분하는 데 있어서 가장 의미 있는 분류법은 소크라테스를 기준점으로 삼는 것도, 아테네라는 공간 안에서 철학을 했느냐 밖에서 철학을 했느냐를 따지는 것도 아니라는 생각이다. 철학의 관심 영역이 자연 세계에서 인간 세계로 바뀌었다는 점에서 찾아야 할 것이다. 프

소크라테스는 피시스(자연 세계)뿐만 아니라 노모스(인간 세계)에서도 보편성을 추구한 철학자다. 그러나 소크라테스보다 한 발 앞서 노모스(인간 세계)가 가진 성격에 관심을 쏟은 철학자가 바로 프로타고라스다. 그는 '피시스(자연 세계)'에서 '노모스(인간 세계)'로 철학의 물줄기를 확 돌려놓았다. 사진은 프로타고라스의 활동 무대였던 아테네에 있는 파르테논 신전.

로타고라스는 '피시스(자연 세계)'에서 '노모스(인간 세계)'로 철학의 물줄기를 확 돌려놓은 철학자다.

잠깐! 자연 세계에서 인간 세계로 철학의 영역을 확장한 철학자는 소크라테스가 아닌가? 맞다. 소크라테스는 자연 세계뿐만 아니라 인간 세계에서도 보편성을 추구한 철학자다. 그러나 소크라테스보다 한발 앞서 노모스, 곧 인간 세계가 가진 성격에 관심을 쏟은 철학자가 바로 프로타고라스다. 프로타고라스가 노모스의 상대성을 강조했다면, 소크라테스는 노모스의 보편성을 주장했다는 차이가 있을 뿐이다. 그래서 나는 프로타고라스를 철학의 역사 속에서 자리 매길 때 소크라테스와 분리시켜 소크라테스 이전 철학자로 분류하는 데 반대한다. 프로타고라스를 아테네 철학과 분리해서 바라보는 데도 반대한다. 그는 소크라테스 철학과 함께, 아테네 철학과 함께 묶어서 봐야 한다. 그는 소크라테스와 한 묶음으로 묶어서 그리스 인간 철학의 시대를 활짝 연 철학자로 봐야 한다.

여기서 꼭 지적하고 넘어가야 할 점이 있다. 지금 우리가 아는 프로타고라스는 그의 철학적 적수, 다시 말해 플라톤과 그 제자들의 기록을 통해서 알려졌다는 사실이다. 그 점에서 프로타고라스는 완벽한 악역의 조건을 갖춘 셈이다. 악당은 주인공의 눈으로 해석되어야 더 맛이 나는 법이다.

프로타고라스는 인간 세계의 상대성에 눈길을 주었고 소크라테스는 상대성을 뛰어넘는 보편성을 추구하다

 프로타고라스가 스스로 쓴 문헌은 현재 전해지지 않는다. 그가 《진리에 대하여》,《신에 대하여》 등의 책을 썼다는 기록만 남아 있을 뿐이다. 프로타고라스 편에서 보면 다행인지 불행인지 모르겠지만, 플라톤과 그의 제자들에 의해 프로타고라스 철학에 대한 기록은 제법 남아 있다. 플라톤이 쓴 대화편 중에서 《프로타고라스》는 젊은 소크라테스가 나이 든 프로타고라스를 찾아가 대화를 나누는 형식으로 되어 있다. 다른 대화편과 마찬가지로 내레이터는 두 말할 필요 없이 소크라테스다. 과연 어디부터 어디까지가 역사적 프로타고라스이고, 어느 대목에서 어느 대목까지가 플라톤이 상상력으로 그린 프로타고라스인지는 알 수 없는 노릇이지만, 우리는 이 작품을 통해 프로타고라스 철학과 소크라테스 철학의 공통점 및 차이점에 대한 몇 가지 사실은 짚어볼 수 있다.

 첫째, 두 사람의 대화의 주제는 덕(德, 아레테)이다. 소크라테스는 '덕을 가르치고 배울 수 있는가?' 라는 질문을 던지고, 프로타고라스는 그럴 수 있다고 답한다. 우리가 누구의 주장에 동의하는가 하는 문제를 떠나, 그들의 공통 관심은 더 이상 그리스 자연 철학자들의 관심처럼 피시스의 문제가 아니라 노모스의 문제라는 사실은 분명하다. 로마 시대 철학자 키케로식의 표현을 쓴다면 그들은 "철학을 하늘에서 땅으로 끌어내린" 철학자다.

둘째, 두 사람은 대화법의 달인이다. 소크라테스는 프로타고라스에게 자신은 프로타고라스처럼 웅변을 잘할 수 없기 때문에 되도록 대화를 짧고 간결하게 해달라고 요청하지만, 때때로 소크라테스는 프로타고라스 못지않게 긴 연설을 하기도 한다. 대화법(엘렌쿠스)은 소크라테스가 철학을 한 방법으로 유명하지만, 그것은 또한 프로타고라스가 즐겨 한 방법이기도 하다. 시간의 순서로 볼 때 대화법의 원조를 굳이 따지자면 프로타고라스로 봐야 한다. 물론 두 사람이 모두 자연 세계가 아닌 인간 세계에 관심을 쏟았다고 해서 그들의 시선이 같은 곳에 머문 것은 아니다. 앞에서 이야기한 대로, 프로타고라스는 노모스의 상대성에 눈길이 갔고, 소크라테스는 노모스의 상대성을 뛰어넘는 보편성을 추구했다. 프로타고라스가 철학의 역사에서 악역에 머물고 소크라테스가 철학의 주역이 된 결정적인 이유다. 대화법도 그렇다. 소크라테스의 대화법은 스스로 무지를 깨닫게 하기 위한 방법인데 비해 프로타고라스의 대화법은 지식을 가르치고 배우게 하기 위한 방법이다. 우리의 무지를 깨닫게 하는 데 웅변이나 변론이 동원될 필요는 없다. 그러나 상대방의 주장을 무너뜨리고 내 주장을 보강하는 데 있어서는 변론술이나 웅변술의 효용은 매우 크다. 나는 프로타고라스가 소크라테스보다 더 중요하다거나 더 훌륭하다고 주장할 생각은 추호도 없다. 그러나 오늘날 소크라테스가 위대한 철학자로 불리게 된 이유 중의 하나는 프로타고라스 같은 훌륭한 적수가 있었기 때문은 아니었을까 짐작해 본다.

모든 것을 상대적이라고 주장하는 상대주의
참, 거짓을 가르는 철학이
상대주의 늪에 빠지면 위험하다

    인간이 만물의 척도라는 프로타고라스의 주장이 소개된 곳은 플라톤의 대화편 중에서 《테아이테토스》다. 여기서 소크라테스는 프로타고라스의 주장을 다음과 같이 압축해서 요약한다. "인간은 만물의 척도다. 존재하는 것에 대해서는 존재하는 것의, 존재하지 않는 것에 대해서는 존재하지 않는 것의." 우리가 프로타고라스 철학에 대해서 아는 모든 것은 이 짧은 진술이 전부다.
    프로타고라스를 상대주의 철학의 시조로 보는 견해도 이 진술을 토대로 후세의 철학자들이 자신의 견해를 보탠 것이다. 상대주의는 "모든 것은 상대적이다."라는 주장이라고 할 수 있다. 그 안에는 진리가 포함되며, 가치도 포함된다. 우리가 진리라고 생각하는 모든 지식이 상대적이라는 주장을 인식의 상대주의, 우리가 옳다고 믿는 모든 가치가 상대적이라는 주장을 가치 상대주의 또는 윤리 상대주의라고 부를 수 있을 것이다. 무엇이 참이고 무엇이 거짓인가, 또 어떤 것이 옳으며 어떤 것이 잘못인가를 가름하는 기준이 없어진다면 우리는 큰 혼돈에 빠질 수밖에 없다. 참과 거짓, 그리고 옳고 그름을 묻는 것을 사명으로 하는 철학이 상대주의의 늪에 빠진다면 철학은 자신의 존재 이유를 상실한다. 철학의 역사를 통해서 철학자들이 상대주의를 공공의 적으로 삼은 것은 어쩌면 당연한 일이다.

모든 것은 상대적이라는 명제가 옳다면
상대주의 역시 그 명제에 의해 자가당착에 빠진다

상대주의는 참으로 묘한 주장이다. 우리는 앞에서 상대주의를 "모든 것은 상대적이다."라는 말로 정의했지만, 엄밀한 의미에서 상대주의는 정의할 수 없는 주장이다. "모든 것은 상대적이다."라는 명제가 옳다면, 바로 그 명제에 의해서 상대주의를 정의한 명제 자체가 상대적 타당성밖에 갖지 못하고 무너져 버리기 때문이다. 이것을 논리학에서는 자가당착이라고 부른다. 자기주장을 자기 스스로 파괴한다는 뜻이다. 플라톤이 자신의 스승 소크라테스를 프로타고라스와 같은 소피스트의 계열에서 끄집어낸 것은 상대주의의 위험성을 읽었기 때문이다. 플라톤은 웅변술의 힘을 빌려 약한 주장을 강한 주장으로 바꾸는 기술을 극도로 경멸했다. 원래 지혜로운 사람, 또는 현명한 사람이라는 뜻을 지닌 소피스트가 돈을 받고 지식을 파는 궤변론자라는 뜻으로 바뀐 것은 플라톤의 영향이라고 할 수 있다.

그런 경멸의 시각 때문일까? 소피스트 중에서도 첫 손가락에 꼽히는 프로타고라스에게는 유난히 사실 여부가 의심스러운 이야기가 많이 전해진다. 프로타고라스의 불가지론(신이 있는지 없는지 알 수 없다는 주장) 때문에 아테네 시민들이 분노해 프로타고라스를 아테네에서 추방하고, 프로타고라스가 쓴 책들을 불태웠다는 이야기가 대표적이다. 이 이야기는 고대 그리스 철학사가 디오게네스 라에르티오스가 쓴 《위대한 철학자들의 삶과 주장》에 나온다. 또 있다. 이번에는 프로타고라스가 자신이 가르친 제자와 수업료 때문에 재판을 했다는 이야기다. 물론 허구다. 그것도 프로타고라스 편에서 보자면 아주 악의적인 허구다. 그러나 이 이야기는 버트런드 러셀이 쓴 《서양 철학사》에도 나올 만큼 유명한 이야기이기도 하다. 이야기 자체는 재미있다. 여러 변형이 있지만 두뇌 회전을 위해 프로타고라스의 수업료 재판에 얽힌 추문을 간추려 소개하면 다음과 같다.

어느 날 프로타고라스에게 변호사를 꿈꾸는 젊은이가 찾아온다.

이 젊은이는 당대 최고의 변론술을 구사하는 프로타고라스에게 수업을 받아 변호사가 되기를 간절하게 원한다. 문제는 당장 수업료를 낼 돈이 없다는 점이다. 프로타고라스의 변론술은 비싸기로 악명 높다. 오늘날로 치면 특급 족집게 과외 선생님쯤 되는 모양이다. 제자는 프로타고라스와 과외비 후불제 계약을 맺는다. 제자가 변호사가 된 뒤 첫 소송에서 승리하면 변호사 수임료를 전부 프로타고라스에게 지불하기로 한다. 단 첫 소송에서 패배한다면 프로타고라스가 가르친 변론술이 신통하지 않다는 것이기 때문에 수업료를 주지 않기로 계약한다. 제자는 프로타고라스에게 변론술을 배우고 난 뒤 변호사가 되었다. 그러나 불행하게도 사건 의뢰가 없었다. 수업료를 받지 못하게 될지도 모른다는 생각이 든 프로타고라스는 제자에게 약속한 수업료를 내라고 재판을 건다. 제자 편에서 보면 그의 첫 소송이 스승 프로타고라스와의 재판이 된 셈이다. 프로타고라스는 말한다. "어차피 나는 수업료를 받게 되어 있다. 재판에서 내가 승리한다면 판결에 따라 나는 수업료를 받을 수 있다. 재판에서 제자가 승리한다면 계약에 따라 수업료를 받을 수 있다." 자, 이제 당신이 프로타고라스의 제자라고 하자. 당신은 어떤 논리를 펼칠 것인가?

Socrates

"소크라테스"

그는 왜 토론을 하는가? .... 홍성기

서양 철학자 중에서 아마도 일반인에게 가장 많이 알려진 사람은 소크라테스일 것이다. 그러나 소크라테스 전문가에게 가장 적게 알려진 서양 철학자가 바로 소크라테스다! 심지어 버트런드 러셀에 따르면 소크라테스에 대해서 우리가 많이 알고 있는지, 조금 알고 있는지조차도 확실하지 않다고 말한다. 도대체 무슨 소리일까?

기원전 469년에 아테네에서 태어나 기원전 399년에 죽은 소크라테스는 생전에 어떤 글도 남기지 않았던 것으로 알려지고 있다. 우리는 '소크라테스의 생각'에 대해서 주로 그의 제자 플라톤과 크세노폰, 그리고 희극 작가 아리스토파네스가 남긴 글을 통해서만 알고 있다. 그러나 이들이 묘사한 소크라테스의 모습과 생각은 서로 다를 뿐더러, 플라톤의 여러 대화편에서도 항상 일치하는 것이 아니다. 그런 이유로 연구자들은 무엇이 진짜 소크라테스의 모습인지에 대해 지금도 논란을 벌이고 있다. 이것을 철학자들은 '소크라테스의 문제(Socrates Problem)'라고 부른다. 플라톤은 상상력이 뛰어난 문학가였으며, 크세노폰은 군인, 그리고 아리스토파네스는 패러디 전문가였다. 이들 모두가 '정품'이 아닌 '짝퉁' 소크라테스를 만들 소질을 갖고 있었다.

논쟁적 토론을 즐긴 소크라테스
그의 사상은 무엇인가, 그가 남긴 업적은?

그러나 우리는 '소크라테스의 문제'로 인해 그에 대해서는 아무런 이야기도 할 수 없다는 식의 과민 반응을 보일 필요는 없다. 왜냐하면 소크라테스를 이해하는 데 가장 중요한 점은 확실하게 알려진 그의 삶에 이미 드러나 있기 때문이다.

위에서 언급한 '소크라테스의 문제'는 무엇보다도 여러 주제에 대한 그의 생각, 한마디로 '소크라테스의 사상'이 무엇인지에 대한 논란이다. 그러나 이런 논란은, 정도의 차이는 있지만, 한 철학자가 자신의 글을 남겨도 일어나는 문제다. 그가 남긴 글의 해석이냐, 아니면 그 글의 해석의 해석이냐의 차이가 있을 뿐이다. 그렇다면 소크라테스가 자신의 삶을 통해 철학사에 남긴, 아니 인류를 위해 남긴 가장 중요한 업적은 무엇일까?

소크라테스는 '아테네의 젊은이를 타락시켰다.'는 죄목으로 재판을 받고 사형을 선고받았다. 이 그림에서 소크라테스는 최후의 순간까지도 자신의 철학적 신념을 보여 주는 듯 그를 둘러싼 주변인들의 슬픈 표정과는 대비되는 평정한 표정을 짓고 있다. 그림은 프랑스 화가 자크 루이 다비드가 그린 〈소크라테스의 죽음〉, 1787년 작품.

    그것은 소크라테스가 가장 좋아했던 '이야기하기', 정확히 말해 독백이 아닌 대화였다. 그러나 대부분의 사람들이 갖고 있는 철학자의 이미지는 골방에서 혼자 사색에 잠기거나, 머릿속에 들어 있는 우주의 진리를 글에 담는 모습이기 쉽다. 누가 칸트나 헤겔의 철학이 '100분 토론의 결과'라고 주장하겠는가? 놀랍게도 서양 철학의 아버지 격으로 숭상되는 소크라테스는 이런 고독한 철학자의 모습과는 사뭇 다르다. 그가 가장 좋아했고 죽기 직전까지 했던 것은 토론, 즉 어떤 주제에 대해 논쟁적 대화를 하는 것이었다. 그는 아테네 토론의 광장 아고라에 나가서 어느 누구와도 격의 없이 이야기를 하는 것을 즐겼다. 플라톤의 대화편《변명》에서 소크라테스는 상대방의 나이 불문, 재산 불문하며 대화를 즐겼다고 말한다. 나아가 아테네의 법이 이 즐거움을 금지시키면 자신은 법을 지키지 않겠노라고 선언했다!

심지어 그는 '스스로 억울한 누명을 쓰고 독배를 마시는 것이 옳은지 아니면 감옥에서 죄수를 감시하는 옥리에게 뇌물을 주고 도망가는 것이 옳은지'에 대해서도 토론을 했다. 이것이 플라톤의 대화편《크리톤》의 내용이다. 소크라테스와 동년배이자 절친한 친구였던 크리톤과의 대화를 통해서 그는 아테네의 법을 어기고 도망가는 것은 옳지 않다고 판단했다. 아무도 토론 마니아 소크라테스를 말릴 수가 없었다. 어떤 사람이 소크라테스와 크리톤과의 대화 내용을 "악법도 법이다."라는 말로 줄여 표현했지만, 이것은 매우 잘못된 해석이다. 소크라테스가 이런 말을 했다는 증거도 없고, 아테네의 법을 그는 악법이라고 부른 적도 없기 때문이다. 소크라테스는 '아테네의 젊은이를 타락시켰다.'는 죄목으로 재판을 받고 사형 언도를 받아 죽었다. 여기서 재미있는 점은 아테네 시민과 토론을 벌여 많은 적을 만든 것이 화근이 되어 재판을 받게 되었고, 재판 중에도 자극적 토론을 벌여 사형 언도를 받았고, 재판이 끝난 후 살 수 있는 기회가 있었음에도 토론을 벌인 후 "죽는 것이 옳다."는 결론에 따라 행동했다는 것이다. 소크라테스에게 토론은 공기와 물 같은 것이었다.

소크라테스는 왜 토론을 하는가?
덕을 밝히고 실행하는
인간 영혼의 본질을 실천하다

영국 경찰이 발견하고 미 법무부가 번역해서 공개한 《알카에다 훈련 교범》에 다음과 같은 구절이 있다. "우리가 대결하고자 하는 신앙심 없는 정권은 소크라테스적 토론도, 플라톤적 이상도 아리스토텔레스적 외교도 모른다. 이들은 총알의 대화, 암살, 폭격, 파괴라는 이상, 그리고 대포와 기관총의 외교만을 알 뿐이다." 알카에다(오사마 빈 라덴을 지도자로 하는 무슬림에 의한 국제 무장 세력 네트워크)가 '소크라테스적 토론'이 무엇인지 이해했는가는 확실하지 않지만 소크라테스로부터 토론을 분리시킬 수 없음은 분명하다. 그렇다면 소크라테스는 왜 토론을 하고자 했을까? 물론 그가 남과 이야기하기를 너무나 좋아했기 때문이라는 것은 분명히 옳은 대답이다. 그러나 대답의 전부는 아니다.

소크라테스는 다른 철학자들이 갖고 있지 않은, 설사 갖고 있다 하더라도 남에게 공개하기 꺼리는 경험을 자랑스럽게 공개했다. 그것은 소크라테스가 받은 '델피의 신탁'이다. '신탁(神託)'이란 신이 사람을 통해 신의 뜻을 나타내거나 인간의 질문에 답하는 것, 즉 계시 혹은 점과 같은 것이다. 언젠가 소크라테스는 친구와 함께 신탁을 받은 적이 있었다. 그때 신탁의 내용은 '아테네에서 소크라테스보다 더 현명한 자는 없다.'는 것이었다.

신탁을 믿어 왔던 소크라테스도 이번 경우에는 신탁의 내용을 의심하지 않을 수 없었다. 왜냐하면 그는 스스로 현명하지 않다는 것을 알고 있기 때문이었다. 소크라테스는 현명하다고 일컬어지는 아테네의 정치가, 문학가, 장인들을 찾아다녔다. 과연 이들은 현명한가? 놀랍게도 이들 모두 스스로 현명하다고 자부했지만, 대화의 결과는 정반대였다. 소크라테스에 의하면 어느 누구도 현명하지 않았다. 아테네의 젊은이들은 이런 대화를 재미있게 구경했을 뿐 아니라 심지어는 따라했다. 왜냐하면 '현명하다는 사람의 무식이 폭로되는 토론'은 실로 재미있기 때문이었다. 바로 이런 토론을 통해 소크라테스는 아테네의 시민 중에서 많은 적을 만들었고, 이것이 결국 그를 죽음으로 몰아간 것이다.

그러나 소크라테스가 이처럼 토론을 즐긴 이유는 단순히 상대방의 무식이나 현명하지 못함을 폭로하는 데에 있었던 것이 아니었다. 소크라테스에게 인생의 가장 중요한 목적, 즉 철학의 가장 중요한 역할은 덕(virtue)을 밝히고 실행하는 것이었다. 덕의 실행은 재산이나 직위 그리고 명예보다도 중요하며 심지어 죽음도 방해할 수 없는 인간 영혼의 본질이다. 소크라테스가 소피스트를 경멸한 이유는 무엇보다 영혼을 계발하는 철학을 돈과 결부시켰기 때문이었다. 소크라테스는 그가 단 한 번도 돈을 받고 대화를 한 적이 없음을 그의 가난이 증명한다고 《변명》에서 말하고 있다. 다른 한편 소크라테스는 악을 행하는 사람들은 선이 무엇이지 모르기 때문이라는 점을 간파했다. 선이 무엇인지 안다면 결코 악행을 저지를 수 없다는 것이다. 따라서 소크라테스에게 지행합일(知行合一)이란 단지 동어 반복에 불과하다. 그러나 소크라테스의 '현자 찾기 프로젝트'가 실패했다는 점에서도 알 수 있듯이 인간의 많은 믿음들은 그 옳고 그름이 확인되지 않은 것이 태반이다. 여기서 소크라테스는 역설적으로 델피의 신탁이 옳았음을 확인할 수 있었다. 소크라테스는 말한다: "나는 내가 모른다는 사실을 안다."

소크라테스적 토론을 어떻게 하는가?
산파술과 부정적 논증을 통해
모순을 이끌어 내는 귀류법

소크라테스에게 대화는 재미만이 아니라 옳고 그름을 밝히는 유일한 수단이었다. 물론 그에게는 이처럼 옳고 그름을 밝히는 토론이 가장 재밌는 일이었을 것이다. 이런 점에서 그가 스스로 글을 쓰지 않은 이유도 짐작이 간다. 여기서 소크라테스의 토론을 '산파술'이라고 부르는 이유를 알 수 있다. 산파는 직접 아이를 낳지 않지만 낳는 것을 도와주는 것이다. 다른 한편 아이를 낳지 않아 본 여인은 낳는 것을 도와줄 수 없기에 산파가 될 수도 없다.

그리스 자연 철학으로부터 소크라테스는 철학의 관심을 '어떻게 사는 것이 옳은가?'라는 인간 사회의 규범으로 전환시켰다. 그러나 정의, 덕, 선과 같은 규범적 개념은 사회의 복잡한 관계망에서 쉽게 파악되기 어렵다. 어떤 측면에서는 긍정적이지만 다른 측면에서는 부정적일 수 있다. 따라서 대부분의 사람들은 자신의 이해에 부합하는 사물의 측면만을 보기 일쑤다. 이때 '소크라테스의 방법론'으로 알려진 부정적 논증(elenchus)이 힘을 발휘한다. 그것은 상대방의 주장이 일단 옳다고 가정하고, 상대방도 동의하는 다른 지식이나 명제들을 원래의 주장과 결합하여 모순을 끌어내는 귀류법(reductio ad absurdum)을 의미한다. 즉, 소크라테스의 산파술은 기본적으로 '부정의 논법'이라고 볼 수 있다. 이러한 부정의 논법을 통해서도 논파되지 않는 주장, 그것이 옳은 것이다. 그러나 소크라테스적 토론은 논쟁 기술보다는 토론에 참여하는 사람 모두에게 훨씬 더 중요한 태도를 요구한다. 그것은 '권력이 옳고 그름을 정한다.'는 믿음을 깨뜨려야 한다는 것이다. 문제는 어느 누구도 이런 믿음을 옳다고 말하지는 않지만, 대부분의 사람들이 이런 믿음에 순종하고 있다는 점이다.

플라톤의 《변명》에서 소크라테스는 스스로 아테네 시민에게 신이 보낸 등에(파리와 비슷하게 생겼으며, 암컷은 흡혈성으로 사람과 가축에게 피해를 많이 주는 해충)라고 표현했다. 등에가 쏘면 황소도 펄쩍 뛴다. 바꿔 말해 소크라테스는 당시 민주주의를 실행하고 있던 아테네의 큰 문제, 즉 집단적 오류를 등에처럼 날카롭게 쏘아댔다. 그 결과가 소크라테스의 재판이었다. 이처럼 권력과 잘못된 믿음과의 결합은 민주주의에서만 있는 것이 아니라 그 어떤 정치 체제에서도 있을 수 있다는 것을 소크라테스는 잘 알고 있었다.

현대는 정보의 공유가 과거와는 비교할 수도 없을 만큼 쉽고 빠르다. 이를 통해 옳건 그르건 집단화된 믿음이 순식간에 형성될 수 있다. 소크라테스적 토론이 더욱 필요한 시대가 되었다고 할 수 있다. 이제 우리의 질문은 다음과 같다. 어떻게 소크라테스적 토론을 현대 사회에 도입할 수 있을까?

PLATON

플라톤

이데아를 향한 철학의 여정

정재영

쪽빛 바다가 한눈에 가득 들어온다. 지중해 세계에서 빛은 각별한 의미가 있다. 빛은 모든 은폐된 것을 그대로 드러낸다. 그리스 사람들은 은폐된 것이 드러나는 것을 진리라고 생각했다. 우리는 빛이 있어야 사물을 볼 수 있다. 플라톤 철학의 핵심 개념인 이데아도 그 어원은 '본다'는 것이다. 이데아의 빛이 비칠 때 세계는 완전한 모습을 드러낸다고 그는 믿었다.

소크라테스의 문제와 플라톤의 퍼즐

잘 알려져 있듯이 플라톤은 소크라테스의 제자다. 소크라테스가 독배를 마시고 죽었을 때 그는 스물여덟의 청년이었다. 그때 그는 심한 혼돈과 현기증을 느꼈다고 한 편지에서 기록했다. 그리고 "올바르다고 말할 수 있는 모든 것들에 대한 인식의 근원은 철학"이며, "참된 철학을 열심히 연구하기까지에는 인류는 고민에서 풀려날 수 없다."고 선언했다. 플라톤 철학의 시작은 소크라테스의 죽음에서 출발한 셈이다. 그래서 플라톤 철학을 이야기할 때는 보통 소크라테스 철학과의 관계에서부터 시작한다.

그런데 시작부터 우리는 난감한 사실에 봉착한다. 소크라테스 철학과 플라톤의 철학은 구분이 되지 않기 때문이다. 스승의 가르침을 제자가 그대로 반복했다는 뜻이 아니다. 소크라테스 철학과 플라톤 철학이 동일한 소스에 담겨 있다는 말이다.

소크라테스는 자신의 철학을 기록하지 않았다. 그래서 우리는 소크라테스 철학을 플라톤이 쓴 기록을 통해서 읽는다. 플라톤의 '대화편'이라고 부르는 35편의 책이 바로 그것이다. 그래서 소크라테스 철학에서는 어디부터 어디까지가 역사적 인물로서의 소크라테스고, 어디부터 어디까지가 플라톤이 전하는 소크라테스인가 하는 점이 항상 문제가 된다. 그것을 철학사가들은 '소크라테스의 문제'라고 부르기도 한다. 그러나 따져 보면 이러한 사례가 어찌 소크라테스뿐일까? 공자의 가르침을 기록한 《논어》도 그렇고, 석가모니의 가르침을 기록한 불교 경전도 같은 문제를 가지고 있다. 소크라테스와 비슷한 시대를 살았던 공자와 석가모니 역시 자신들이 직접 책을 쓰지 않았다. 제자들이 스승의 말씀을 옮겨 적었을 따름이다.

시대를 더 내려오면 신약 성경과 코란도 그렇다. 예수도, 무함마드도 오늘날 우리가 접하는 기독교와 이슬람 경전을 직접 기록하지는 않았다. 고대 그리스 철학에 국한해서 보더라도 소크라테스 이전의 철학자들도 대부분 비슷한 문제를 안고 있다. 그래서 오늘날 우리가 접하는 고대 철인들의 말씀을 기록한 많은 책에서는 그것이 진짜냐 가짜냐를 따지는 위서 논란이 심심하면 터져 나온다. 그들의 말씀을 어떻게 해석할 것인가 하는 해석학적 문제도 뜨거운 감자가 된다. 그러나 그렇다고 해서 고대 철인의 말씀을 기록한 사람이 누구인가 하는 점이 크게 부각되는 법은 거의 없다. 그런데 예외가 있다. 바로 플라톤이다.

그는 서양 철학의 역사에서 소크라테스의 가르침을 모아서 집대성한 단순 기록자로 취급되지 않는다. 왜 그런가? 대화편은 플라톤이 30대에서 70대까지 쓴 책들이다. 스타일은 거의 비슷하다. 소크라테스가 아테네 법정에서 자신의 무죄를 변호한 《소크라테스의 변명》을 제외하면 모두 대화체 형식이다. 플라톤이 쓴 일련의 책들을 대화편이라고 통칭해서 부르는 이유가 여기에 있다. 공통점이 또 있다. 한 편을 제외하면 모든 대화편에 소크라테스가 등장한다는 사실이다. 그것도 거의 대부분이 소크라테스가 대화를 주도하는 주인공이다. 이렇게 소크라테스와 플라톤은 대화편을 통해서 하나의 철학적 동일체가 되었다. 사정이 이렇다면 소크라테스 철학과 플라톤 철학을 구분하는 것이 무슨 의미가 있을까?

잠깐! 플라톤의 대화편을 꼼꼼하게 읽어 보면 초기 대화편에 등장하는 소크라테스와 후기 대화편에 등장하는 소크라테스의 모습에 미묘한 차이가 드러난다. 그래서 고대 철학사를 연구하는 사가들은 플라톤이 젊었을 때 쓴 초기 대화편에서는 플라톤이 소크라테스 철학을 충실하게 기록하고 있는 반면, 원숙한 나이에 쓴 플라톤의 후기 대화편에서는 플라톤이 스승 소크라테스의 입을 빌려서 플라톤 자신의 철학을 말하고 있다고 지적한다. 처음에는 플라톤이 소크라테스 철학의 손 노릇을 했지만, 나중에는 소크라테스가 플라톤 철학의 입 노릇을 했다는 이야기다. 서두가 좀 길어졌지만 이것은 피할 수 없는 가지치기 작업이기도 하다.

앞에서 우리는 '역사적인 소크라테스'와 '플라톤의 소크라테스'를 구분하는 난제를 '소크라테스의 문제'라고 불렀지만, 다른 한편으로는 왜 플라톤이 소크라테스를 주인공으로 등장시켜 대화체 형식의 책을 썼는가 하는 점을 '플라톤의 퍼즐'이라고 부르기도 한다.

서양 철학은 왜 플라톤 철학의 각주인가?

소크라테스는 거리의 철학자였다. 그는 아테네 거리에서 사람들을 붙잡고 대화를 했다. 소크라테스는 철학을 조용한 사색의 장에서 토론과 대화의 장으로 옮긴 인물이다. 그는 대화 장소를 가리지 않았다. 때로는 아테네 시민들이 즐겨 찾는 아고라 광장에서, 때로는 푸른 지중해가 한눈에 보이는 아테네 근처의 바닷가에서, 때로는 지인들과 밤늦게까지 술잔을 기울이면서 토론했다. 이러한 소크라테스식 철학을 문자로 생중계한 플라톤의 대화편은 소크라테스의 토론 철학이 가진 강점과 약점이 동시에 드러난다. 대화편은 마치 한 편의 희곡을 보는 듯한 재미가 있다. 대화의 내용뿐만 아니라 토론을 하는 그때 그곳의 분위기까지 그대로 잡힌다. 기원전 5세기 아테네에서 일어나는 일이 마치 우리 눈앞에서 펼쳐지는 듯하다.

소크라테스는 왜 이렇게 거리에서 철학을 했을까? 그리고 플라톤은 소크라테스의 아테네 거리 철학을 왜 문자로 생중계했을까? 그 단서는 대화편 중 《파이드로스》에서 소크라테스의 입을 통해 나온다. 여기서 소크라테스는 참된 지식은 글이나 문자가 아니라, 살아 있는 대화를 통해서만 전달된다고 역설한다. 살아 있는 생명체를 그림으로 기록할 때 그 그림은 죽어 있듯이, 살아 있는 말을 문자로 쓸 때 문자로 기록된 말은 죽어 있다고 말한다. 문자로 된 말은 질문을 던지지도 질문을 받지도 못한다. 그렇다. 플라톤이 대화 형식으로 글을 쓴 것은 우연이 아니다. 플라톤의 대화편은 소크라테스의 대화 방식을 그대로 모방한 것으로 봐야 한다.

서양 철학의 역사는 플라톤 철학의 각주라는 말이 있다. 20세기 전반에 영국 캠브리지대와 미국 하버드대에서 철학을 가르친 화이트헤드가 만년에 어떤 강연에서 한 이야기다. 많은 이들이 자주 인용하는 말이지만, 플라톤 철학의 요체를 이처럼 적절하게 설명한 말도 드물다. 나는 화이트헤드의 이 말을 플라톤 철학의 체계가 뛰어나다는 칭송으로 해석하지 않는다. 뛰어난 것은 그의 답안에 있지 않고 소크라테스의 입을 통해서 끝없이 던지는 질문 방식에 있다. 서양 철학이 플라톤 철학의 각주가 된 이유는 그의 철학 체계보다는 그가 쓴 철학적 발제에 있다. 지금까지 이 글을 세심하게 읽은 독자라면 이런 의문을 가질지도 모르겠다. 좋은 질문을 던진 사람은 플라톤이 아니라 소크라테스가 아닌가?

맞다. 굳이 저작권 개념으로 따진다면, 문자를 중계한 플라톤에게 저작권이 있다는 것이 아니라 원발언자인 소크라테스에게 있다고 보는 것이 타당하다. 그런데 왜 플라톤이 서양 철학의 전통을 기본 포맷

한 철학자로 인정받는가? 이 점을 이야기하기 위해서는 또 다시 소크라테스로 돌아가야 한다. 좀 지겹겠지만 할 수 없다. 철학적 동일체를 이룬 스승과 제자의 몸통을 분리하는 수술이 아닌가?

철학은 아포리아의 놀라움에서 시작한다

소크라테스 철학의 요체는 대화법 또는 산파술로 요약되는 질문에 있다. 소크라테스는 자신이 답을 내놓는 사람이 아니다. 그의 표현대로라면 그는 아는 게 없다. 그래서 그는 대화 상대자에게 무엇을 가르치는 것이 아니라 성가실 정도로 끝없는 질문을 던진다. 주로 상대방 이야기의 논리의 허점을 파고든다. 상대방은 자신의 주장이 모순에 빠졌음을 깨닫고 우물쭈물한다. 큰 당혹감과 혼돈에 빠져든다. 상대방은 소크라테스의 입을 주시한다. 옳은 답을 듣기 위해서다. 그러나 소크라테스는 그 답을 이야기하는 사람이 결코 아니다. 대화는 뚜렷한 결론을 내리지 못하고 종료된다. 해결되지 못하고 끝난 문제, 이것을 철학 용어로는 아포리아(aporia)라고 부른다. 그 어원은 그리스어로 통로가 없다는 뜻이다. 출구가 막혔을 때 우리는 어떻게 해야 하는가? 이 길도 진리의 길이 아니고, 저 길도 우리를 진리로 이끌지 못한다면 우리는 무엇을 근거로 판단을 내려야 하는가? 우리와 한 발짝 떨어져 있는 것처럼 보이는 우주의 원리를 규명하는 작업은 잠시 숨을 고른다고 하더라도, 매일매일 우리가 숨 가쁘게 살아야 하는 인간 세계에서 벌어지는 일은 도대체 어떤 기준에 따라 움직여야 하는가?

바로 이 대목에서 플라톤 철학의 핵심인 이데아 이론이 빛을 발한다. 플라톤 철학이 스승의 몸통에서 분리되는 대목이라고 해도 무방할 것이다. 아포리아가 출구가 막힌 종착점이 아니라 새 탐구의 출발점이 되는 순간이기도 하다. 소크라테스가 그토록 집요하게 질문을 던져서 대화를 막장에까지 다다르게 한 것은 바로 이 점을 노린 것이 아닐까?

스승이 즐겨 사용한 엘렌쿠스(대화법)로서의 철학은 제자의 이데아 철학의 뒷받침을 얻어 출구로 탈출한다. 아니, 이 말이 소크라테스에게 큰 모욕이 된다면 이렇게 바꾸어 말할 수 있다. 우리는 플라톤의 이데아 이론을 통해서야 소크라테스의 대화법을 제대로 독해할 수 있다. 앞에서 우리는 소크라테스와 플라톤의 사제 관계에서 처음에는 플라톤이 소크라테스의 손 노릇을 했지만, 점차 소크라테스가 플라톤의 입 노릇을 한다고 지적했다. 그 분기점이 바로 플라톤 철학에서 이데아 개념이 등장하는 시기와 일치한다. 또 그때를 기점으로 토론이 아포리아에서 벗어난다. 아포리아가 해결 불능으로 버려지는 것이 아니라 새로운 탐구의 시작이 되는 셈이다. 이 점을 플라톤의 제자 아리스토텔레스는 이렇게 표현했다. "철학은 아포리아의 놀라움에서 시작한다." 철학적 사유는 원래 그런 것인지도 모른다. 철학은 항상 상식적인 사고를 요청하지만 아무도 그 상식에 이의를 달지 않을 때 철학적 사유는 멈춘다.

플라톤의 숨은 스승, 헤라클레이토스와 파르메니데스

플라톤은 변화하는 것은 참된 존재가 아니라고 생각했다. 우리가 눈으로 보고 귀로 들을 수 있는 것, 다시 말해 우리가 감각을 통해서 경험하는 것은 존재의 참된 모습이 아니라고 했다. 또 그는 같은 이유에서 감각을 통해 얻게 된 지식이 참지식이 될 수 없다고 생각했다. 참존재와 참지식은 변하는 것이 아니다. 그것은 언제 어디서나 동일성을 가지고 있어야 한다. 그렇다면 언제 어디서나 자기 동일성을 가진 참존재는 도대체 어디에 있는가? 만약 그런 것이 있다면 우리는 그것을 어떻게 알 수 있다는 말인가? 이데아는 위 물음에 대한 플라톤의 응답이다. 헤라클레이토스가 끝없이 변화하는 자연에서 그 변화를 지배하는 요소, 힘 또는 원리로서 로고스라는 중요한 개념을 서양 철학의 전통에서 찾아냈다면, 플라톤은 그 변화하는 모습의 배후에서 변화하지 않는 존재를 '이데아'라고 불렀다.

고대 그리스 철학에 등장하는 모든 철학 언어에서 공통적으로 적용

플라톤은 '아카데미아'라는 인재 학교를 세우고 대화를 통한 교육으로
철인 통치자를 양성하려 했다. 그는 이데아를 아는 철학자가
이 사회를 다스릴 때만이 정의롭다고 보았다. 그림은 폼페이 유적에서 발굴된 것으로
철학자들의 대화 모습이 담긴 모자이크화.

철학의 숲, 길을 묻다

되는 사항이지만, 로고스와 이데아라는 단어를 오늘날의 의미로 해석해서는 안 된다. 로고스는 원래의 말뜻이 '말(spoken words)'이고, 이데아는 '본다'는 말에서 나온 '모습' 또는 '형상'이라는 뜻을 가지고 있다. 이러한 용어에 지금의 철학적 의미가 잔뜩 붙게 된 것은 2,500년 동안 생각이 쌓인 퇴적의 결과로 봐야 한다. 로고스라는 말도 그렇고, 이데아라는 말도 그렇고 우리는 지금 이 용어들을 골치 아픈 철학적 언어로 생각하지만, 원래는 일상생활에서 쓰는 평범한 말들이었다. 플라톤은 이데아가 변화하는 세계에 있을 수 없다고 생각했다. 변화하는 세계에 있는 모든 존재는 변화에서 자유로울 수 없기 때문이다.

플라톤이 상정한 이데아는 끝없이 변화하는 현실 세계 저 너머에 있는 초월적 존재라고 봐야 한다. 시간과 공간의 질서에서 벗어나 있는 비시간적(atemporal)이며, 공간을 점유하지 않는 비공간적(aspatial) 존재다. 잠깐! 그런 존재를 믿어야 하는가? 보지도 듣지도 만질 수도 없다면, 그것이 있다는 것을 도대체 어떻게 알 수 있는가? 플라톤은 이데아는 육안으로는 볼 수 없다고 답한다. 그것은 우리 얼굴에 붙어 있는 눈으로 보는 것이 아니라, 우리 마음에 있는 지성의 눈으로 보는 것이다. 여기서 지성이라는 말은 그리스어 '누스(nous)'를 번역한 것이다. 지성의 기능은 이데아의 세계를 보는 데 있다. 그것은 마치 얼굴에 있는 눈이 현상 세계를 보는 것을 기능으로 하는 것과 마찬가지다.

지성의 눈으로 보는 이데아의 세계

플라톤의 주장이 의미하는 바를 풀어 보면, 우리가 보고 듣고 만질 수 있는 세계가 사실은 가짜고, 지성의 눈으로 볼 수 있는 이데아의 세계가 원본이라는 이야기가 된다. 이건 상식이 아니다. 일반 사람의 상식적인 의견을 전복한다. 의견을 확 뒤집어 버리는 것, 그것을 보통 '패러독스(paradox)'라고 부르지만 여기에는 숨겨진 철학적 개념이 있다. 패러독스는 '의견'을 뜻하는 그리스어 '독사(doxa)'와 '거스른다'는 뜻의 접두어(para)가 결합해서 생긴 말이다. 독사는 불완전한 지식이다. 그것은 육안의 눈을 통해서 본 것이기 때문이다. 더 근본적인 이유가 있다. 그것은 변화하고 생성하는 세계를 대상으로 하는 지식이기 때문이다. 참지식은 그런 것이 아니다. 변화하고 생성하는 세계가 아닌 이데아의 세계를 관조할 수 있는 지식이 참지식이다. 플라톤은 그것을 에피스테메(episteme)라고 불렀다. 에피스테메는 육안의 눈이 아닌 지성의 눈으로 볼 수 있는 지식이다. 그것은 지성의 눈으로만 보이는 이데아의 세계를 그 대상으로 한다. 플라톤의 관점에서 보면, 우리가 보통 안다고 생각하는 종류의 지식은 단순히 독사이며 그것은 결코 완전한 앎이라고 할 수 없다.

그런데 잠깐! 이 이야기는 어디에서 들어 본 것 같지 않은가? 그렇다. 우리가 이미 살펴본 바 있는 파르메니데스의 이야기다. 그는 난해하기로 악명 높은 철학 시에서 독사(doxa, 의견)의 길과 진리(aletheia)의 길을 이야기했다. 플라톤은 독사를 참된 에피스테메(참지식)와 대칭시켰지만, 따지고 보면 이 구분법은 파르메니데스가 말한 독사의 길과 진리의 길을 구분한 연장선상에 있다. 우리가 이야기의 흐름을 단절시키지 않기 위해서 슬쩍 빼놓고 온 점이지만, 플라톤이 말하는 에피스테메를 인식하는 기관이 지성(nous)이라는 생각도 사실은 파르메니데스의 생각이다. 플라톤은 파르메니데스의 용어를 차용했을 따름이다. 지성의 눈으로만 보이는 것, 그것을 파르메니데스식으로 이야기하면 '존재'가 되고 플라톤식으로 이야기하면 '이데아'가 된다.

파르메니데스의 존재, 또는 플라톤의 이데아는 오로지 지성의 지각을 통해서만 드러나지, 다른 감각 기관을 통해서는 드러나지 않는다. 그것은 마치 눈으로 소리를 들을 수 없고, 귀로 사물을 볼 수 없는 것과 마찬가지 이치다. 눈으로 볼 수 있는 시각 대상은 오로지 눈이라는 시각 기관에만 열려 있고, 귀로 들을 수 있는 청각 대상은 오로지 귀라는 청각 기관에 열려 있듯이, 존재는 오로지 존재 지각 기관이라고 할 수 있는 지성에만 열려 있다. 그래서 파르메니데스는 "지성의 지각은 존재와 동일하다."는 알 듯 모를 듯한 말을 던진다. "사유는 존재와 동일하다."는 진술로 흔히 변용되어서 전해지는 그의 말은 서양 철학의 역사에서 가장 큰 논란을 불러일으킨 주장 중의 하나다.

서양 철학의 전통이 시작되는 발원지

잠시 멈추어 생각해 보자. 우리는 왜 플라톤 철학을 이야기하면서 시계 바늘을 뒤로 돌려 헤라클레이토스와 파르메니데스를 다시 복기하는가? 플라톤 철학을 제대로 이해하기 위해서? 아니다. 반드시 그 이유 때문이 아니다. 이 고대 자연 철학자들의 역설을 통과해야 플라톤의 이데아 개념이 도출되기 때문이다. 바로 이 대목에서 서양 철학의 양대 기둥인 존재의 문제를 다루는 존재론과 인식의 문제를 다루는 인식론이 탄생하기 때문이다.

플라톤이 살았던 시대는 지중해 세계의 질서가 크게 요동치던 시기였다. 생각과 생각이 충돌하는 혼란스러운 시대였다. 철학의 관심이 자연 세계에서 인간 세계로 이동하면서 무엇이 올바른 삶이며, 무엇이 올바른 정치 체제인가 하는 관심이 크게 고조된 때였다. 다른 한편으로는 자연 세계의 근원과 원리가 무엇인가 하는 물음에 대한 생각의 깊이가 놀라울 정도로 깊어진 시기이기도 하다. 플라톤이 서양 철학의 전통이 시작되는 발원지 역할을 하고 있다고 평가되는 것은, 위와 같이 여러 갈래로 흐르는 생각의 흐름을 하나의 틀로 묶어 냈기 때문이다.

Aristoteles

"아리스토텔레스"

인간 행위의 궁극적 목적은?

송하석

서양 철학사에서 가장 영향력 있는 두 명의 철학자를 꼽으라고 하면, 대부분의 철학자들은 플라톤과 아리스토텔레스를 꼽는 데 주저하지 않을 것이다. 자부심 강한 아테네의 귀족 출신 플라톤, 그에 비해서 아테네인으로부터 촌놈 취급을 받은 마케도니아 스테이기라 출신의 아리스토텔레스. 그들은 스승과 제자 사이였지만 동시에 철학사에서 일종의 테제[These, 정립(定立)]와 안티테제[Antithese, 반정립(反定立)]이기도 하다. 그들 이후의 서양 철학사는 그들의 긴장 관계에 대한 어느 한쪽 편들기, 아니면 그들의 화해를 모색하는 역사였다고 해도 과언이 아니다.

플라톤의 철학과 아리스토텔레스 철학의 관계부터 살펴보자. 이들의 철학의 뿌리는 변화와 운동은 환상일 뿐이라는 파르메니데스의 주장과 만물은 변화하고 운동한다는 헤라클레이토스의 주장으로 거슬러 올라간다. 과연 파르메니데스와 헤라클레이토스, 누가 옳은가?

플라톤의 이데아는 실재하는가?
그의 이원론은 존재와 운동의 문제에 답을 주는가?

플라톤은 두 개의 세계가 있다고 말함으로써 파르메니데스와 헤라클레이토스의 통찰력을 모두 인정하고, 두 사람 사이의 갈등을 해결하려고 한다. 플라톤이 말하는 하나의 세계는 우리가 살고 있는 현실계이다. 그곳은 헤라클레이토스가 말하는 변화와 운동이 존재하는 세계다. 그러한 현실계를 넘어 또 하나의 세계가 있는데, 그곳은 영원히 변하지 않는 형상들로 이루어진 이데아의 세계다. 바로 파르메니데스의 세계, 변화와 운동이 없는 세계다. 플라톤에 따르면, 현실계는 이데아계의 모형일 뿐이다. 다시 말하면 이데아계가 본체요, 원본이라면, 현실계는 그것의 그림자요, 복사본이다.

이렇게 플라톤은 두 개의 세계가 있다는 이원론(dualism)을 통해 파르메니데스의 존재의 세계와 헤라클레이토스의 생성의 세계를 구별함으로써, 존재와 생성의 딜레마에 답한다. 그런데 과연 플라톤이 말하는 이데아의 세계는 존재하는가? 또 플라톤의 이원론은 존재와 운동의 문제에 적절한 답을 주고 있는가? 그에 대한 아리스토텔레스의 답은 '아니다'이다. 그가 그렇게 답하는 첫 번째 이유는 현실계에 있는 사물의 본질이 이데아(형상)라면, 사물 자체와 그 사물의 본질이 어떻게 분리되어 존재할 수 있을까라는 의심 때문이었다. '사과'라는 사물과 사과의 본질이 어떻게 떨어져서 존재할 수 있겠는가 말이다. 그러나 아리스토텔레스가 플라톤의 설명에 반대하는, 더욱 심각하게 생각한 또 하나의 이유가 있다. 플라톤의 이원론으로는 현실계의 운동에 대해서 적절하게 설명할 수 없다는 점이 그것이다. 현실계의 사물이 이데아 세계의 모형이라면, 어떻게 원본은 변함이 없는데 복사본이 계속해서 변할 수 있는지, 즉 현실계의 운동, 변화가 어떻게 가능한지에 대해서 플라톤의 이원론은 답할 수 없다는 것이 아리스토텔레스의 불만이었다. 결국 아리스토텔레스는 스승인 플라톤의 많은 지적 유산을 계승하지만, 이데아의 실재성을 부인한다.

잠시 플라톤의 철학과 아리스토텔레스의 철학의 차이에 주목해 보자. 플라톤에게 참다운 세계는 현실계가 아니라 이데아의 세계다. 그래서 현실계에 대한 지식을 갖는 것이 중요한 것이 아니라, 이데아계에 대한 지식을 갖는 것이 중요하다. 즉, 참다운 지식[에피스테메(epistēmē)]은 이데아계에 대해 아는 것이다. 그런데 이데아계는 경험적으로 접근할 수 있는 세계가 아니므로, 경험은 이데아계에 대한 지식을 얻는 데 아무런 역할을 못한다. 따라서 그의 철학에서 경험은 중요한 역할을 하지 못한다. 같은 이유로 플라톤은 학문의 모델을 기하학에서 찾는다. 반면에 아리스토텔레스는 이데아계가 따로 존재하는 것이 아니고, 사물의 본질은 현실계의 사물 내에 있다고 믿기 때문에, 현실계에 대한 지식을 갖는 것이 중요하다고 생각한다. 따라서 경험이 지식을 구성하는 데 있어서 매우 중요한 역할을 한다. 또한 그는 수학(기하학)에서 다루는 대상은 현실계에 존재하지 않는 이상적인 것이어서, 기하학은 현실계를 설명하고 이해하는 데 적절하지 않다고 생각한다. 오히려 그는 끊임없이 변화하는 현실계에 내재된 기본 원리나 근본 법칙을 발견해 내는 일이 중요하다고 여기기 때문에 자연 과학을 중시한다.

아리스토텔레스는 거의 모든 학문 분야에 걸쳐 탐구한 방대한 이론가일 뿐만 아니라, 매우 체계적인 이론을 제시한 철학자다. 그가 남긴 저작은 실로 방대하다. 그는 학문을 세 가지로 이론적 학문, 실천적 학문, 제작에 관한 학문으로 분류한다. 이론적 학문이란 지식 자체를 위해서 탐구하는 학문이고, 실천적 학문은 개인의 행위나 바람직한 사회 체제에 관해 탐구하는 학문이다. 그리고 제작에 관한 학문은 실용적으로 무엇을 만드는 데 필요한 학문이다.

아리스토텔레스는 이 세 가지의 학문 모두에 많은 저술을 남겼는데 그중에서 《형이상학》, 자연학이라고 불리는 《피지카》, 생물학에 관한 많은 저술들 그리고 인간의 영혼에 관한 심리학을 다룬 저술들이

르네상스 시대의 화가 라파엘로가 그린 '아테네 학당'. 이 그림에 등장하는 두 사람의 모습은 그들의 철학적 입장 차이를 잘 보여 주고 있다. 그들의 대화는 아마도 다음과 같지 않았을까? 그림 중앙에서 왼쪽에 있는 플라톤, 손가락으로 하늘을 가리키며 "이보게, 우리는 이 현실계를 넘어서 이데아계에 대해 알아야 하네!"라고 하자, 젊은 아리스토텔레스는 땅을 뒤덮듯 손바닥을 펴고, "선생님, 우리의 탐구의 시작은 우리가 발붙이고 있는 이 현실계입니다."라고 말이다.

이론적 학문에 속한다. 《니코마코스 윤리학》을 비롯한 도덕 철학에 관한 저서와 《정치학》은 실천적 학문에 속하는 저술들이다. 또한 그가 쓴 《시학》과 《수사학》은 흔히 제작에 관한 학문으로 분류된다.

모든 학문의 예비학
학문의 토대로서 논리학을 창시하다

그런데 특이한 것은 그가 분류한 세 가지 학문 어디에도 논리학이 포함되어 있지 않다는 점이다. 논리학의 창시자로 일컬어지는 그가 논리학을 학문으로 보지 않은 것일까? 그가 남긴 논리학 저술은 그가 죽은 후에 《오르가논》이라는 이름으로 집대성되었는데, '오르가논'이란 '기관', '도구'라는 뜻이다. 그 책에 그러한 이름이 붙여진 것은 그가 논리학을 모든 학문을 위한 도구, 즉 예비학으로 보았다는 사실이 반영된 것이다. 그는 논리학을 올바른 추론의 원리를 다루는 학문이라고 보았다.

그렇기 때문에 논리학은 학문을 위한 충분조건은 아니지만 필요조건이라고 생각했던 것이다. 다시 말해서 논리학적 지식만으로 학문을 할 수는 없지만, 논리학의 지식 없이는 학문을 할 수 없다는 뜻이다. 논리학은 흔히 형식 과학(formal science)이라고 일컬어진다. 그러나 그 말을 논리학이 외부 세계와 완전히 구별되는, 오직 인간 사유의 형식 하고만 관련된다는 뜻으로 해석해서는 안 된다. 아리스토텔레스의 논리학은 증명의 형식에 관심을 갖는다는 점에서 형식 과학임에 분명하지만, 그는 논리학이 과학적 증명의 결론을 통해서 외부 세계에 대한 지식을 제공해 준다고 믿었다.

그러므로 그의 논리학은 그 자체로 사유 형식에 대한 분석일 뿐만 아니라, 논리학의 대상이 되는 사유는 현실에 대한 사유이고 그 사유의 결과는 현실에 대한 지식을 확보해 주는 것이다. 요컨대 그는 논리학을 과학적 탐구에서 필요한 증명 형식에 대해 분석하는 학문으로, 모든 학문의 도구로, 세 가지 종류의 학문과는 위상이 다른, 모든 학문의 예비학이라고 생각했던 것이다.

물론 아리스토텔레스 이전에도 논리적인 추론을 훌륭하게 수행한 많은 철학자들이 있었고, 분명히 그들도 올바른 추론의 기준을 이해하고 있었을 것이다. 하지만 아리스토텔레스의 《오르가논》이야말로 올바른 추론에 관한 원리를 체계적으로 정리하고 발전시킨 최초의 저술이고, 그런 의미에서 아리스토텔레스를 논리학의 창시자라고 부르는 것이다. 그리고 아리스토텔레스 이후의 새로운 논리학이 등장하기까지는 2,000년의 세월을 기다려야 했다. 아리스토텔레스 이후 2,000년 동안의 논리학은 아리스토텔레스의 논리학이 전부였다고 말해도 전혀 과장이 아니다.

생명체의 존재 목적에 대한 탐구
자연은 목적 없이 아무것도 하지 않는다

아리스토텔레스는 모든 학문의 필수적인 토대를 논리학이라고 보았는데 그 이외에도 또 하나의 중요한 철학적 토대가 있었으니 목적론이 바로 그것이다. 그의 목적론에 대해 이해하기 위해서는 먼저 그의 철학에서 중요한 개념인 4원인설에 대해 언급할 필요가 있다. 아리스토텔레스의 원인 개념은 오늘날 흔히 사용되는 원인이라는 용어보다 훨씬 포괄적인 의미를 갖는다. 이른바 '형상인', '질료인', '운동인', '목적인'이라는 네 가지를 원인 개념에 포함시키는데, 이를 흔히 4원인설이라고 한다.

형상과 질료는 전문적인 철학 용어지만, 어떤 대상이 갖는 형태를 형상이라고 이해하고, 그 대상이 만들어진 재료를 질료라고 이해해 두기로 하자. 아리스토텔레스는 형상과 질료는 구별되어야 하지만, 그것은 생각 속에서나 그럴 수 있을 뿐이고, 실제로 그 두 개념은 구별이 되지 않는다고 말한다. 즉, 그 둘은 분리된 실재가 아니다. 형상은 개개의 사물 속에 내재되어 있다. 현실계에 존재하는 사물은 모두 형상과 질료를 지니고 있다. 그래서 아리스토텔레스는 현실계에 존재하는 사물을 질료와 형상의 복합체라는 의미로 '신테토스(synthetos)'라고 불렀다. 그 말은 오늘날 구체적 대상(concrete thing)이라는 단어의 어원이 된 라틴어 '콘크레투스(concretus)'로 번역되었는데, 그 라틴어 단어도 역시 '복합체'라는 의미를 가지고 있다.

아리스토텔레스에 따르면, 현실계에 존재하는 것은 형상과 질료를 지닌 복합체로서 구체적 대상이다. 다시 말해서 현실계에 존재하는 것은 '사람'이 아니라 '소크라테스'처럼 구체적이고 개별적인 것이고─그는 그것을 제일 실체(primary substance)라고 불렀다─그것들은 모두 질료와 함께 형상을 갖는다. '의자'를 예로 들어 보자. 현실계에 존재하는 모든 의자는 일정한 모양을 지니고 있고 또한 나무나 철이나 플라스틱으로 만들어졌을 것이다. 그리고 여러 의자들이 동일한 형태를 지닐 수 있다는 점에서 형상은 보편적이다. 또한 어떤 대상에 대해서 그것이 무엇인가라고 물을 때, '의자'라고 답할 것이다. 그런 점에서 형상은 사물의 '무엇임(whatness)', 즉 본질이다. 사물의 본질로서 형상은 저 멀리 이데아계에 있는 것이 아니라, 현실계에 존재하는 구체적 사물 안에 들어 있기 때문에, 아리스토텔레스는 플라톤과 달리, 본질을 파악하는 데 경험이 중요한 역할을 한다고 본 것이다. 반면에 질료는 한 사물에게 고유한 것이고, 그런 점에서 질료는 그 사물을 같은 종류의 다른 사물과 구별해 주는 '그것임(thisness)', 즉 개체성에 해당한다. 의자를 의자가 아닌 다른 것과 구별해 주는 것은 의자의 형상이고, '이 의자'를 '저 의자'와 구별해 주는 것은 그것의 질료라는 뜻이다. 아리스토텔레스에 따르면, 의자의 형상인과 질료인은 의자의 존재 원인이다. 이 점에서도 그의 원인 개념이 우리가 일상적으로 이해하고 있는 원인 개념과 크게 다르다는 것을 알 수 있다. 운동인은 목수가 나무라는 질료에 형상을 주기 위해서 가하는 작용이다. 그러니까 그가 말하는 '운동인'이 우리가 일상적으로 의미하는 원인에 가장 가까운 개념이다.

사물은 그 사물이 존재하는 목적을 가지고 있다
대리석 덩어리에는 '다윗 상'이 들어 있다!

그의 4원인설에서 가장 흥미롭고 중요한 것은 목적인이다. 이는 아리스토텔레스 철학의 토대가 되는 목적론과 밀접하게 관련되어 있다. 목적론이란 인간의 행위에 목적이 있고, 인공물이 존재의 목적이 있는 것처럼 자연 현상에도 발생의 목적이 있고, 자연물에도 존재의 목적이 있다는 입장이다.

그의 목적론에 따르면, 모든 사물은 그 사물이 존재하는 목적을 가지고 있고, 그 목적을 실현하기 위한 변화와 운동의 원리를 그 안에 담고 있다. 조각가에 의해서 다윗 상으로 변한 대리석은 그 자체 안에 이미 다윗 상의 형상을 지니고 있었고, 그것이 바로 그 대리석의 존재 목적이다. 그리고 대리석은 존재 목적인 다윗 상이 되기 위한 변화의 원리를 그 안에 담고 있었고, 조각가는 그것을 실현해 낸 것이다. 결국 대리석 덩어리에는 다윗 상이 들어 있었던 것이다!

그러면 아리스토텔레스는 운동과 변화를 어떻게 설명할까? 운동의 주체는 현실계에 존재하는 구체적 대상이다. 차가움 자체가 뜨거움으로 변하는 것이 아니라, 여기 있던 찬 물이 뜨거운 물로 변한 것이다. 그리고 운동의 내용은 그 대상이 가진 형상의 변화다. 대리석 자체가 다른 무엇으로 변한 것이 아니라, 대리석 덩어리가 멋진 '다윗 상'으로 변한 것이다.

이를 설명하기 위해서 아리스토텔레스는 '현실태'와 '가능태' 개념을 도입한다. 대리석 덩어리는 그 자체로 질료와 형상을 지니고 있는 복합체였는데, 그 질료가 다른 형상(다윗의 모습)을 획득함으로써 다윗 상이 된다. 그러니까 대리석 덩어리는 다윗 상의 가능태이고, 다윗 상은 그 대리석 덩어리의 현실태이다. 가능태는 현실태의 형상을 결여하고 있는 존재 상태를 말하고, 가능태는 결여된 형상을 획득함으로써 현실태가 되는 것이다.

또 상수리는 상수리나무의 가능태이고, 상수리나무는 상수리의 현실태이다. 즉, 상수리의 질료에는 상수리나무가 될 가능성이 포함되어 있다. 요컨대 운동이란 가능성으로 존재하는 것이 현실화되는 것, 즉 가능태로부터 현실태로의 이행인 것이다.

현실태는 가능태보다 우선한다
그러므로 닭은 달걀보다 앞선다!

아리스토텔레스는 현실태가 개념적인 면에서나 시간적인 면에서 가능태보다 우선한다고 말한다. 앞에서 말했듯이, 상수리라는 질료 안에는 상수리나무의 가능성이 이미 포함되어 있다. 그런 의미에서 상수리나무의 가능태로서 상수리는 상수리나무라는 현실태 개념을 전제한다. 그러니까 현실태는 가능태보다 개념적으로 앞선다. 그리고 가능태로서의 상수리는 현실태로서의 상수리나무로부터 생긴다는 점에서 현실태는 시간적으로도 가능태보다 앞선다. 결국 달걀의 현실태인 닭은 달걀보다 개념적으로나 시간적으로 앞선다는 결론이 나온다. 그렇다면 왜 아리스토텔레스는 "닭은 어디에서 나왔는가, 닭은 다른 달걀에서 나온 것이 아닌가?"라는 지극히 당연한 질문을 하지 않았을까? 그것은 그의 목적론적인 사고 때문이다. 사실, 현실태와 가능태의 개념을 도입하는 배경에도 목적론이 깔려 있다. 달걀의 존재 목적은 닭이고, 가능태로서의 달걀은 자신의 현실태(닭)를 실현할 수 있는 원리를 자체 내에 담고 있다. 그러니까 달걀보다는 닭이 개념적으로나 시간적으로 앞선다는 것이 아리스토텔레스의 주장이다.

아리스토텔레스의 방대한 저술 중 20% 이상의 분량을 차지하는 것이 생물학에 대한 탐구다. 그의 생물학적 탐구의 중요한 내용은 분류인데, 그가 그렇게 분류에 관심을 기울인 것은 궁극적으로 생명체의 존재 목적을 밝히고자 함에 있었다. 그래서 그는 생물을 분류하면서 그 생물들의 기관의 기능이 무엇인지에 초점을 맞춘다.

또 그의 물리학적 탐구에서도 목적론적 설명을 발견할 수 있다. 그는 현실계에 존재하는 물체의 운동을 자연 운동과 강제 운동으로 구별한다. 그에 따르면, 어떤 물체든 그 물체의 본성상 있어야 할 자리가 있는데 그 자리를 향해 가는 것이 자연 운동이다.

예를 들어서 돌멩이는 지구의 중심에 가까운 곳이 돌멩이의 본성상 있어야 할 자리고, 공기는 본성상 지구의 중심에서 멀리 떨어진 곳이 그 자리다. 그래서 돌멩이는 외부의 방해가 없는 한, 지구의 중심을 향해 운동하고, 공기는 지구의 중심에서 멀리 떨어지도록 운동한다는 것이다. 그러니까 아리스토텔레스는 "도대체 왜 손에 쥐고 있던 돌멩이를 놓으면 아래로 떨어지는가?"라는 질문에 대해서 "돌멩이의 본성 때문"이라고 대답하는 셈인데, 이러한 대답은 사실 하나마나 한 것이다. 원래의 질문은, "돌멩이는 왜 아래로 떨어지는 본성을 가지고 있는가?"라고 표현될 수 있을 것이기 때문이다. 그러므로 현실계의 운동에 대한 그의 목적론적 설명은 현대적 관점에서 보면 설명력이 없는 동어 반복에 불과한 것이라고 할 수 있다.

인간 행위의 궁극적 목적은 행복이다
그렇다면 행복이란 또 무엇일까?

　아리스토텔레스의 목적론은 그의 윤리학이나 정치 철학과 같은 실천적 학문에서 가장 두드러지게 나타난다. "자연은 목적 없이 아무것도 하지 않는다."는 그의 목적론적 사상을 압축적으로 표현하는 문장도 《정치학》에서 나온 말이다. 이제 그의 실천 철학 가운데 도덕 철학에서 목적론적인 사상이 얼마나 중요한 역할을 하는지 살펴보자.

　그의 대표적인 윤리학 저서 《니코마코스 윤리학》은 "모든 기술과 탐구, 마찬가지로 모든 행위와 추구는 어떤 선(善)을 목표로 한다고 생각된다."는 말로 시작한다. 간단히 말해서 인간의 모든 행위는 선이라는 목적을 갖는다는 것이다. 그렇다면 인간의 모든 행위가 목적으로 삼는 선이란 무엇일까? '내가 지금 이 글을 읽고 있는 행위의 목적은 무엇인가?' 여러 가지 대답이 가능하겠지만, "지식을 얻기 위해서"라고 답한다고 하자. 그러면 지식은 무엇 때문에 얻고자 하는가? 이렇게 어떤 행위의 목적, 그리고 그 목적의 목적, 그 목적의 목적의 목적, 또 목적의 목적의 목적의 목적은 무엇인지를 물을 수 있을 것이다. 그렇다면 목적에 대한 탐구는 무한히 계속되는 것일까? 그렇지 않다. 아리스토텔레스는 궁극의 목적, 즉 모든 행위가 궁극적으로 추구하는 목적이 있다고 믿는다. 그렇다면 인간의 행위가 궁극적으로 목표하는 것은 도대체 무엇일까? 그것은 다른 어떤 목적에도 종속되지 않는 그 자체 때문에 추구되는 것이어야 할 것이다. 그런데 인간이 그 자체 때문에 추구하는 것은 바로 행복이다. 요컨대 인간의 모든 행위는 궁극적으로 행복을 목적으로 한다는 것이다.

그렇다면 행복이란 또 무엇일까? 행복은 그리스어로 '유다이모니아(eudaimonia)'인데, 문자 그대로 풀이하면 '잘 존재함(well-being)'이다. 아리스토텔레스는 행복을 '잘 존재함'이라는 말을 통해서 설명한다. 그러면 어떤 것이 잘 존재하는 것, 행복한 것일까? 이 질문에 답하기 위해서 아리스토텔레스는 다시 목적론을 끌어들인다. 그의 목적론에 따르면, 모든 존재자는 존재의 목적을 갖는다. 예컨대 칼의 존재 목적은 무엇인가를 자르는 것이고, 그 목적을 수행하기 위해서 적절한 기능이 주어져 있다. 그런데 그 기능을 잘 발휘하여 존재 목적을 잘 수행해 내는 칼이 잘 존재하는 칼, 좋은 칼이다. 그렇다면 인간의 '잘 존재함(행복)'도 인간의 존재 목적을 발휘하기 위해서 주어진 기능에 주목해야 할 것이다.

그런데 인간에게 주어진, 인간에게만 주어진 기능은 바로 이성적으로 사유하는 것이다. 그러므로 인간이 잘 존재한다는 것은 이성적 사유 기능을 탁월하게 발휘하는 것이다. 그래서 그는 인간의 기능은 이성적 원리를 따르는 정신의 활동이고, 인간의 행복은 그러한 기능을 탁월하게 발휘하는 것이라고 설명한다. 나아가서 그는 주어진 기능을 탁월하게 발휘하는 것을 '덕(virtue)'이라고 한다. '덕'이란 단어의 그리스어는 '아레테(arete)'인데, 그 말은 '탁월함(excellence)'이라는 의미를 가지고 있다. 결국 인간의 덕이란 인간에게 주어진 기능을 탁월하게 발휘하는 성품이고, 인간의 행복이란 덕과 일치하는 영혼의 활동인 것이다.

덕과 일치하는 영혼의 활동, 행복
이성적 사유를 하지 않으면 행복할 수도 없다

인간의 행복이 덕과 일치하는 영혼의 활동이라면, 그때의 덕이란 최고의 덕이어야 할 것이다. 이 최고의 덕은 인간이 지닌 최고의 기능인 이성적 사유의 기능을 탁월하게 발휘하는 성품일 것이다. 어찌 먹고 배설함으로써 육체가 자라나는 것을 인간의 고유 기능이라고 할 수 있겠는가? 그러한 기능은 식물이나 동물에게도 주어진 것이 아닌가? 또 먹이를 쫓아다니고 성적인 욕구를 충족시키면서 2세를 낳는 행위를 인간의 본질적인 기능이라고 할 수 있겠는가? 그러한 기능은 동물에게도 주어진 기능이다.

인간에게 주어진 기능 중에서 본질적인 것은 이성적인 사유 기능이다. 따라서 이성적인 사유를 통해서 진리를 파악하려는 기능을 잘 발휘하는 성품이야말로 인간이 가질 수 있는 최고의 덕이고, 그 덕에 일치하는 정신의 활동이야말로 행복한 것이다. 그래서 아리스토텔레스는 《니코마코스 윤리학》의 마지막 절에서 행복에 대해 다시 언급하면서, 최고의 행복은 명상적인 삶(contemplative life)에 있다고 선언한다. 이성적 사유와 진리를 향한 명상적인 삶을 사는 사람이 누구일까? 아리스토텔레스가 철학자만이 행복할 수 있다고 주장하는 것은 아닐 것이다. 그가 확실하게 주장하고 있는 것은 철학적인 명상, 진리를 향한 이성적 사유 활동을 하지 않고는 결코 행복할 수 없다는 것이다. 행복한 삶을 위한 그의 권면은 철학적 명상의 삶을 살아가라는 것이다.

"마르쿠스 아우렐리우스"

행복한 삶의 방식

홍성기

아테네를 중심에 놓고 보면 변방에 불과했던 마케도니아의 젊은 군주 알렉산드로스는 유럽, 지중해, 북아프리카 및 소아시아 지방을 정복하고 대제국을 건설했다. 그러나 긴 정복 전쟁에 심신이 지친 그는 기원전 323년 바빌론에서 급사하고, 다음 해 그의 스승 아리스토텔레스도 사망했으나, 그리스 문화는 넓은 영역에 걸쳐 확산되었다. 제국의 영화는 짧았지만 문화는 지속적이었다. 이때부터 기원전 146년 로마가 코린트에서 그리스를 멸망시키고 정치적으로 지배하기까지를 우리는 '헬레니즘'이라고 부른다. 한마디로 그리스 문화의 절정기에서 쇠퇴기로 이어지는 시대였다.

스토아학파, 헬레니즘기의 대표적 철학
행복한 삶의 방식의 중요성

　헬레니즘기의 그리스에는 여러 문화적 중심지가 생겼고, 여러 철학 유파들이 마치 중국의 춘추 전국 시대의 백가쟁명(百家爭鳴, 많은 학자나 문화인 등이 자기의 학설이나 주장을 자유롭게 발표하여, 논쟁하고 토론하는 일)을 연상시키듯 등장했다. 플라톤과 아리스토텔레스의 철학을 계승한 학파, 쾌락으로부터 행복을 찾을 수 있다는 키레네학파, 죽음의 공포와 고통으로부터 해방된 상태인 아타락시아(ataraxia/not disturbed)를 통해 행복을 얻을 수 있다는 에피쿠로스학파, 욕망의 절제를 통해 정신적 평온을 추구하는 씨닉학파와 스토아학파가 등장했으며 후자는 이런 경지의 마음 상태를 '아파타이아(apatheia/without passion)'라고 불렀다. 다른 한편 감각 기관을 통해 얻어진 인상들에 대해서는 그것이 진리임을 보장할 수 없으며, 일종의 판단 중지를 통해 아타락시아를 획득할 수 있다는 회의주의 학파가 출현했다. 헬레니즘의 말기에는 플로티누스(Plotinus, 204~270)에 의해 플라톤, 아리스토텔레스, 스토아의 철학을 융합하여 현상계의 근원으로서 하나의 통일체를 상정하는 신플라톤주의가 등장했다.

　비록 헬레니즘기의 상이한 철학의 유파들이 모두 자연과 인간의 본성에 대한 이론적 배경을 갖고 있었지만, 이 시기에 철학함에서 특히 강조된 것은 '행복한 삶의 방식'의 중요성이었다. 특히 행복을 획득한 마음의 상태에 대한 기술이 강조되었다. 이런 점에서 헬레니즘기의 대표적 학파로 스토아를 지목하는 것은 일리가 있다. 스토아학파가 서구 사회에 남긴 지속적인 영향력은 '매우 고통스러운 상황에 처해서도 전혀 흔들리지 않는'이란 뜻의 'stoical' 혹은 이에 상응하는 유럽어의 쓰임에서도 알 수 있다.

스토아학파는 기원전 300년경 씨티움(사이프러스, 터키의 남쪽과 시리아의 서쪽 해상에 위치한 공화국)의 제논(고대 그리스의 철학자로 스토아학파의 창시자)이 아테네 아고라 북쪽의 '기둥이 늘어선 회랑'에서 강의를 함으로써 시작되었다. 이때 이 늘어선 기둥[주랑(柱廊)]을 'Stoa'라고 불렀고 여기에서 스토아학파의 명칭이 유래했다.

제논은 소크라테스의 제자였던 안티스테네스(Antisthenes, 기원전 445?~기원전 365?)가 제창한 씨닉학파의 윤리학을 전폭적으로 받아들였고, 제논의 제자 크리시푸스

고대 그리스 철학자로 스토아학파의 창시자인 제논.

(Chrysippus, 기원전 280~기원전 207)가 스토아 철학의 주요 골간을 만든 것으로 알려지고 있다. 그러나 스토아 철학의 창시자들이 쓴 문헌은 대부분 상실되어 후대의 철학자들의 인용으로서 남아 있는 반면, 스토아 철학이 로마 시대로 넘어가면서 세네카, 에픽테투스와 마르쿠스 아우렐리우스의 저작이나 기록들은 온전한 형태로 전해지고 있다. 특히 '스스로에게 보내는 글, 생각'이라는 뜻의 제목을 가진 마르쿠스 아우렐리우스의 《명상록(Meditations)》은 서양에서 가장 많이 읽힌 고전으로 후대에 지대한 영향을 남겼다.

명상록, 영혼의 휴식처에 대한 기록
열정과 욕망으로부터 자유로움을 추구하는 상태

121년에 태어나 180년에 사망한 아우렐리우스(Aurelius)는 이른바 로마 5현제의 마지막 황제이기도 하다. 5현제가 다스리던 로마는 강성해졌지만, 아우렐리우스는 북방 민족의 정벌과 이들의 계속된 침입으로 재위 기간의 대부분을 전쟁터의 막사에서 보내야만 했다. 그의 삶은 영화 '글레디에이터'의 배경이기도 하지만, 그 내용은 역사적 사실과는 매우 다르다. 아우렐리우스는 국가의 안위와 장병의 생명이 걸려 있는 전쟁터에서 내면의 기록《명상록》 12권을 그리스어로 썼다.

이 책은 다음과 같이 시작된다.

> 나는 조부 베루스로부터 온화함과 함께 분노와 열정의 절제를 배웠다. 나를 낳아 주신 아버지의 명성과 당신에 대한 회상에서 부끄러워 할 줄 아는 것과 남성적 기질을 배웠다. 어머니에게서는 경건함과 관대함 그리고 나쁜 행위뿐만 아니라 나쁜 생각도 삼가야 함을 배웠으며, 부자들에게 있기 쉬운 무절제를 멀리 떠나 소박한 음식에 만족하는 것을 배웠다.

앞의 인용문에는 스토아학파가 제창한 행복한 삶의 방식의 중요 내용들이 대부분 포함되어 있다. 우선 열정으로부터 벗어난 상태, 즉 아파타이아를 통해서 우리는 객관적으로 명석한 판단을 할 수 있고, 이것은 잘못된 행동이 야기할 수 있는 고통으로부터 우리를 보호해 준다. 여기서 우리는 스토아학파는 회의주의와는 달리 사물에 대해 옳고 그름을 명석하게 판단할 수 있는 인간의 능력을 가정하고 있음을 알 수 있다. 《명상록》의 곳곳에 자주 등장하는 '지배 기관(commanding faculty)'은 바로 이런 판단 능력을 갖추고 있는 정신을 의미한다.

아우렐리우스가 어머니로부터 배웠다는 경건함은 인격신이자 유일신 숭배의 기독교와는 무관하다. 아직 기독교는 로마의 지배적 전통에 속하지 않기 때문이다. 여기서 경건함이란 자연의 순리에 대한 믿음이며, 스토아의 신은 자연 자체, 혹은 자연의 순행 원리, 즉 이성

(logos)과 동격으로서 '자연=신=이성'이 성립한다. 신은 우주 밖의 창조자가 아니라 우주에 내재한 범신론적 존재라고 할 수 있다. 다른 한편 자연에 속하는 모든 것은 내재적 신성을 갖고 있다는 점에서 동등하며, 바로 이 점은 스토아학파의 정치 철학적 업적으로 부를 수 있는 사해동포주의(cosmopolitanism, 인종에 대한 편견, 국가적 이기심 또는 종교적 차별을 버리고 인류 전체의 복지 증진을 위해 온 인류가 서로 평등하게 사랑해야 한다는 주의)의 이론적 배경이 되었다.

●

> 우주는 단지 하나의 생명체며, 단지 하나의 영혼을 갖고 있다는 것을 언제나 잊지 말아야 한다. 그리고 만물이 어떻게 이 예민한 힘 속으로 사라져 가는지를, 만물이 어떻게 하나의 움직임에 따라 행동하는지를······
> - 《명상록》 중에서

따라서 스토아학파가 최고의 삶의 방식으로 간주하는 '덕(德)의 실현'은 인간이 자연의 일부분임을 자각하고 '자연의 섭리(하나의 영혼)와 일치하는 생활'을 의미하며, 이런 생활이 바로 행복을 가져다준다는 것이다. 왜냐하면 자연의 운행은 우연이 아니라 로고스적, 즉 신적 질서에 의해 결정되기 때문이다. 결정된 것을 무모하게 바꾸려는 것, 그것은 고통을 가져올 뿐이다. 아우렐리우스는 "당신은 이 세상에서 당신에게 주어진 역할에 불만을 품고 있는가? 그렇다면 과연 세상엔 신의 섭리가 있는가, 아니면 원자만 있어서 모든 사물이 우연히 결합되는 것인가라는 명제를 상기해 보라. 만약 현명한 신이 존재하지 않는다면 이 세상은 단지 원자들의 무질서한 결합에 불과할 뿐이다. 만약 현명한 신의 지배하에 이 세상이 움직인다면 불만을 품어 스스로 괴롭힐 필요가 어디 있는가? 이 세계가 조화를 이룬 가운데 움직이고 있다는 사실을 증명해 주는 수많은 이론을 생각하라. 그러면 마침내 평안한 마음을 지니게 될 것이다."라고 말하고 있다.

불행의 원인은 불행하다는 생각 그 자체
불행이란 실제로는 존재할 수 없다

스토아학파는 자연의 운행을 결정론적으로 해석했다. 자연의 결정론적 질서와 일치하는 삶을 살아야 한다는 성찰은 인간 삶의 덧없음, 즉 명예나 부귀를 추구하는 것이 얼마나 무의미한지에 대한 성찰과 함께 아우렐리우스의 《명상록》에서 끊임없이 반복되는 주제기도 하다. 아우렐리우스는 여기서 한 걸음 더 나아가 '나는 불행하다.'는 판단은 본질적으로 사고의 오류라고 보고 있다. 아우렐리우스는 "불행은 다른 사람의 마음에서 오는 것이 아니다. 그렇다고 불행은 영혼의 외투 혹은 오막살이에 불과한 육체의 조절되지 않은 기질에서 오는 것도 아니다. 그렇다면 불행은 어디서 오는 것일까? 그것은 불행이 존재할 수 있다는 당신의 확신으로부터 온다. 그러므로 그러한 확신을 거부하라. 그러면 모든 일이 순조롭게 될 것이다. 설사 가장 가까운 이웃, 즉 보잘것없는 육체가 절단되고 불에 타고 고름이 흐르고 썩더라도 그것을 불행이라고 판단할 수 있는 이성만은 냉정해야 한다."라고 말하고 있다.

한마디로 불행의 원인은 불행하다는 생각 그 자체일 뿐이며 불행이란 실제로는 존재할 수 없다는 것이다. 여기서 우리는 고대에서 현대에 이르기까지 계속 논의가 되고 있는 철학의 한 주제를 만난다. 즉, 모든 것이 결정되어 있을 뿐 아니라, 한 걸음 더 나아가 불행이란 마음먹기 나름이며 실제로 불행이 존재하지 않는다면 자유 의지란 불가능하다는 반론이 그것이다. 그러나 아우렐리우스는 자유 의지의 존재를 노예 출신인 스토아학파의 대표적인 철학자이자 그의 스승이었던 에픽테투스(Epictetus, 55?~135?)의 가르침을 인용하면서 확인하고 있다. "어느 누구도 우리의 자유 의지를 빼앗아 갈 수는 없다. 에픽테투스 역시 이렇게 말했다. '인간은 그가 어떤 행위에 동의를 표할 때 필요한 기술 혹은 규칙을 발견해야 한다. 그는 주변 상황을 충분히 고려하고 사회에 도움이 될 때에 한해 조심스럽게 행동해야 하며 사물의 가치를 존중해야 하며 감각적 욕망을 멀리해야 한다. 또한 우리의 권능 안에 있지 않는 어떤 일도 회피하거나 반감을 보여서는 안 된다.' 라고."

아우렐리우스는 자유 의지가 어떤 행위에 대한 동의와 반대로 드러난다고 보고 있으며, 여기에 발견되어야 할 규칙의 필요성을 역설하고 있다. 그러나 동시에 자유 의지의 한계도 분명히 인정하고 있다. 그것은 우리가 어쩔 수 없는 상황에 대해 자유 의지는 아무것도 할 수 없으며 따라서 동의도 반대도 무의미하다. 연구가들은 이처럼 스토아학파가 제안하고 있는 우주적 결정론과 자유 의지 간의 관계 설정을 '인간을 통한 결정론'이라는 말로 표현하기도 한다. 그러나 인간의 권능 내에서는 자유 의지가 가능하다는 주장은 동어 반복으로서 자유 의지의 존재 여부는 인간의 권능이 가능한지와 일치한다. 위의 아우렐리우스와 에픽테투스의 주장은 자유 의지가 존재한다는 선언이지 증명은 아니다.

정신의 자유로움을 획득하고 회복하려는 의지
자유로움은 마음의 상태인가?

아우렐리우스는 《명상록》을 어떤 독자를 의식해서 쓰지는 않았다. 그것은 원제목이 말하듯이 순전히 자기 자신에게 보내는 글로서 그만큼 진솔한 내용을 담고 있다. 그러나 이 책의 내용은 스토아학파만이 주장하는 것은 아니다. 이 점은 위에서 인용한 《명상록》의 앞부분에

스토아학파의 주장이 압축되어 있지만, 아우렐리우스는 그것을 그의 조부와 부모로부터 배웠다고 밝힌 점에서도 분명하게 드러난다. 사실 욕망을 절제하고 매우 어려운 상황에서도 냉정을 잃지 않으며, 자연에 순응하는 삶이 바람직하다는 주장은 동서양과 고대, 현대를 막론하고 세계 종교와 철학자들이, 아니 일반인들 대부분이 스스로의 경험에 의해 항상 가치 있게 받아들이는 보편적 주장이다. 이런 점에서 아우렐리우스의 개인적인 의도는 전혀 아니었지만, 그의 시대에 탄압을 받았던 기독교가 스토아학파를 자신과 융합시키려는 시도를 했다는 것은 전혀 놀라운 일이 아니다. 이런 보편성에도 불구하고, 아우렐리우스의 《명상록》을 읽는 사람은 이 책의 저변에 깔린 아우렐리우스의 불안과 피로를 느끼지 않을 수 없다. 전쟁터에서 막사에 돌아와 마음에서 자신의 휴식처를 구하기 위해 스스로에게 글을 쓰고 있는 황제 철학자를 상상하면 충분히 이해가 간다. 또 혹자는 이런 불안을 장기적 원정으로 지친 당시 로마 사회의 분위기와 일치한다고 보기도 한다.

그러나 문제는 조금 더 근본적인 것으로 보인다. 열정과 욕망으로부터 자유로움을 추구하여 얻으려는 상태가 '아파타이아'임은 앞에서 말했다. 한마디로 정신의 자유로움을 획득 내지는 회복하려는 것이다. 여기서 자유로움이란 마음의 '특정한' 상태를 의미하는 것으로 보인다. 그렇다면 여기서 다음과 같은 질문이 제기될 수밖에 없다. 어떤 특정한 마음의 상태가 편하고 좋다면 인간은 반복적으로 그 상태를 추구할 것이고, 우리는 그런 마음의 움직임을 욕망이라고 부른다. 그렇다면 욕망으로부터 해방을 통해 행복에 이른다는 원래의 목적으로부터 벗어나 우리는 다시 욕망으로 떨어지는 것은 아닐까?

2장
중세

medieval times

믿음과 이성의 양 날개를 달다

아우구스티누스에서 윌리엄 오컴까지

2장 | 중세

믿음과 이성의 양 날개를 달다

서양 중세 철학은 기독교 철학과 동의어다. 또 기독교 철학은 기독교 신학과 동의어다. 그런데 기독교는 철학이 아니라 종교다. 이 대목에서 과연 기독교와 철학이 서로 결합할 수 있는가 하는 문제가 등장한다. 더욱이 기독교는 중세 철학의 권위 코플스턴(Coplestone, 1907~1994)이 《중세 철학사》에서 말한 것처럼 "기독교는 하나의 계시(啓示) 종교로 세상에 나타났다. 즉, 기독교는 추상적인 이론적 체계로서가 아니라 속죄, 구원, 사랑에 대한 가르침으로서 그리스도를 통해서 세상에 주어진 것"이다.

기독교가 계시 종교라는 점은 철학과의 결합을 더 어렵게 한다. 이것은 계시 종교인 기독교와 계시 종교가 아닌 불교를 비교해 보면 분명해진다. 불교는 석가모니에 의해서 시작했지만, 석가모니의 구체적 삶을 기반으로 성립된 종교가 아니다. 그래서 역사적 석가모니를 알지 못해도 불교도가 될 수 있다. 그러나 기독교는 아니다. 기독교는 역사적 예수를 알지 못하면 기독교도가 될 수 없다. 예수를 통해서 나타난(계시된) 속죄와 구원, 그리고 사랑에 대한 가르침이 곧 기독교의 본질이기 때문이다. 예수는 우리에게 많은 가르침을 준다. 그러나 예수의 말이 이치에 맞기 때문에 기독교를 믿는 것이 아니다. 예수를 믿기 때문에 그 가르침을 받드는 것이다.

기독교가 계시 종교라는 사실은 철학과 충돌할 수 있다는 점을 항상 내포한다. 철학은 항상 이치를 따진다. 그래서 이치에 맞으면 받아들이고, 이치에 맞지 않으면 내친다. 그것이 바로 철학의 본성이다. 그러나 계시 종교로서의 기독교는 다르다. 기독교는 예수를 성령으로 잉태한 하느님의 아들로 믿는다. 그것은 이치에 맞고 맞지 않고를 따지는 문제가 아닌 엄연한 사실로 받아들인다. 다시 말하면 계시로 나타난 것이 진리다. 이러한 계시적 진리를 믿는 기독교와 이치를 따지는 철학 사이에 나타나는 간극을 어떻게 메울 수 있는가?

기독교 철학 또는 기독교 신학은 이 간극을 메우고자 한다. 기독교 철학은 계시 종교로서의 기독교와 이치에 맞는 앎을 따지는 철학을 화해시킨다. 2장 중세 편에서 등장하는 아우구스티누스(Augustinus)와 아퀴나스(Aquinas)는 중세 철학의 전기와 후기에 각각 등장하는 기독교 철학의 우뚝한 봉우리다. 아우구스티누스로 대표되는 기독교 철학을 교부 철학이라 하고, 아퀴나스로 대표되는 기독교 철학을 스콜라 철학이라고 한다. 교부 철학에서 교부는 '교회의 아버지'라는 뜻이다. 유태교를 모태로 한 계시 종교에서 출범한 기독교가 이스라엘 민족의 종교에서 세계 종교로 바뀌는 과정에서 기독교 공동체(교회)를 세운 아버지라는 의미다. 아우구스티누스는 초기 교회의 아버지로서 기독교에 신(新)플라톤 철학의 옷을 입힌다. 한편 스콜라 철학에서 스콜라는 '학교'라는 뜻이다. 기독교적 세계관이 중세 유럽을 지배하면서 수도원과 대학을 중심으로 성직자에게 기독교 철학을 가르쳤기 때문에 붙은 이름이다. 스콜라 철학은 중세 후기에 이슬람 문화권을 통해서 거꾸로 유입된 아리스토텔레스 철학의 영향을 깊게 받았다. 그래서 스콜라 철학은 기독교에 아리스토텔레스 철학의 옷을 입힌 것이라고 볼 수 있다.

계시적 진리와 철학적 진리를 화해시키고자 한 기독교 철학은 믿음(Fideo)과 이성(Ratio)을 모두 중시한다. 그래서 기독교 철학은 "진리는 믿음과 이성의 양 날개로 난다."고 주장한다. 그러나 기독교 철학자는 이성보다는 믿음을 보다 중시한 기독교인이었으며, 그 점에서 "철학은 신학의 시녀" 역할을 했다는 점도 부인하기 어렵다.

기독교 철학의 압도적인 영향 속에서 중세 유럽에서는 다른 철학적 흐름이 나타나기가 어려웠다. 중세 편에서는 이 점을 보완하기 위해 아리스토텔레스 철학을 중세 유럽에 전해 준 이슬람 철학자 이븐 루슈드(아베로에스)와 스콜라 철학자이면서 스콜라 철학의 한계를 뛰어넘고자 한 윌리엄 오컴(William of Ockham)을 함께 실었다.

Augustinus

"아우구스티누스"

중세 교부 철학의 시작

정재영

노략질을 일삼던 해적이 알렉산더 대왕에게 잡혀 왔다. 대왕이 꾸짖었다. "너는 도대체 왜 사람들을 괴롭히는가?" 해적이 거침없이 대꾸했다. "폐하가 사람들을 괴롭히는 이유와 같습니다. 단지 저는 배 한 척으로 일을 하기 때문에 해적이라 부르고, 폐하는 큰 함대를 거느리고 일을 하기 때문에 황제라고 하는 것입니다."

이 이야기는 아우구스티누스(Augustinus, 354~430)가 쓴 《신의 나라 (De civitate Dei)》 4권에 등장하는 예화다. 그는 여기서 전쟁을 통한 제국의 확장이 해적의 강탈 행위와 도대체 무엇이 다른가를 묻는다. 그리고 명쾌하게 결론을 내린다. 정의가 없는 국가는 해적과 근본적으로 다를 바가 없다는 것이다. 아우구스티누스는 이 예화를 키케로가 쓴 《공화국》에서 빌어 왔다(키케로의 기록은 실전되었다).

서양 고대사를 들여다보면 큰 위기가 세 차례쯤 있었다. 그때마다 당대 최고의 지성이 그 위기에 대한 철학적 진단을 내렸다. 기원전 4세기 고대 그리스에서 도시 국가가 심각하게 부패했을 때 내려진 처방이 플라톤과 아리스토텔레스가 쓴 《국가》였다. 그로부터 4백 년쯤 뒤 로마 공화정이 붕괴했을 때 키케로는 《공화국》을 집필했다. 또 다시 4백 년이 흘러 로마 제국이 무너지는 시점에서 나온 것이 아우구스티누스가 쓴 22권의 대작 《신의 나라》다.

마지막 고대 철학자이자 최초의 중세 철학자
헬레니즘과 헤브라이즘의 결합

아우구스티누스가 이 책을 쓴 결정적 계기는 410년 게르만 족의 일파인 서고트 족에 의해 로마가 점령된 사건이었다. 그때까지 7백 년 동안 로마는 단 한 차례도 적군에 점령된 적이 없었다. 그런 위대한 로마가 야만족에 의해서 맥없이 짓밟힌 것이다. 도저히 있을 수 없는 일이었다. 역사의 스펙트럼을 넓혀서 해석하면, 이 사건은 유럽을 호령했던 로마의 영광이 꺾이는 결정적 사건이자, 머지않아 한 시대의 막이 내릴 것이라는 징후이기도 했다. 종이호랑이로 전락한 로마는 그 후 게르만 족의 계속적인 침공을 받아 476년 마침내 역사 무대에서 사라진다. 역사가들은 로마 멸망을 기점으로 유럽에서 고대가 끝나고, 중세가 시작한다고 말한다.

아우구스티누스 철학을 읽기 위해서 우리는 세 개의 좌표를 그린다. 첫 번째는 시간 좌표다. 그는 고대의 끝자락에 위치한 마지막 고대 철학자며, 동시에 중세의 첫 대목에 등장하는 최초의 중세 철학자기도 하다. 두 번째는 공간 좌표다. 그는 제정 로마 시대의 라틴 교부에서 활동했지만, 그가 주로 활동한 것은 유럽이 아니라 북아프리카였다. 그는 지금의 알제리에 있는 히포 레기우스의 주교로 34년 동안 봉직했다. 그를 히포의 아우구스티누스라고 부르는 이유다. 그 당시 히포는 북아프리카에서 카르타고 다음으로 큰 도시였다. 고대 지중해 세계의 패권을 놓고 한때 로마와 자웅을 겨루었던 카르타고에서 아우구스티누스는 문장을 유려하게 만드는 수사학을 공부했으며, 로마에서는 수사학을 가르치기도 했다. 이렇게 아우구스티누스는 시간적으로는 고대와 중세의 경계 지대에 위치해 있고, 공간적으로는 유럽과 아프리카를 넘나들었다. 세 번째는 우리가 좀 더 자세히 살펴보고자 하는 철학 좌표다. 아우구스티누스는 고대 그리스 철학과 원시 기독교를 접목한 인물이다. 그는 서양 사상의 원형을 이루는 두 개의 전통, 곧 그리스 철학에 배경을 둔 헬레니즘 전통과 기독교 종교에 배경을 둔 헤브라이즘 전통을 하나로 묶어 기독교 철학 또는 신학을 출범시켰다. 더 정확하게 말하면 그는 계시 종교로서의 기독교에 플라톤 철학의 옷을 입혔다. 그는 교부 철학을 정립한 중세 초기의 최대 철학자, 또는 신학자라고 할 수 있다. 잠깐! 기독교는 철학이 아니지 않은가? 종교란 추상적인 이론 체계가 될 수도 없고, 또 굳이 이론 체계로 만들 필요도 없지 않은가? 중세 철학의 권위이며 성공회 신부이기도 한 코플스턴은 기독교는 하나의 계시 종교로 세상에 나타났다는 점을 상기시킨다. 그는 원시 기독교의 기본 과제는 기독교를 하나의 철학 체계로 만드는 것이 아니라 인간을 구원하고 세상을 회개시키는 것이라고 말한다.

믿음과 이성의 균형
진리를 향해 나아가는 두 개의 날개

예수의 말씀은 우리에게 큰 가르침을 준다. 그러나 선후 관계로 보면 기독교도는 예수의 말씀이 이치에 맞아서 예수를 믿는 것이 아니라, 예수를 믿기 때문에 그 가르침을 받는 것이다. 반면 철학은 항상 이치를 따진다. 이치에 맞으면 받아들이고, 이치에 맞지 않으면 내친다. 그것이 바로 철학의 기본 속성이다. 바로 이 교차 지점에 믿음(fides)과 이성(ratio) 사이의 긴장 관계가 숨어 있다. 그러면 믿음과 이성은 대립과 충돌의 관계인가, 아니면 균형과 조화의 관계인가? 서양 사상의 지적 전통은 양자의 관계를 후자로 보는 경향이 있다. 그것은 1998년 로마 가톨릭 교황 바오로 2세가 발표한 "믿음과 이성은 인간 정신이 진리를 바라보면서 날아오르는 두 날개"라는 '신앙과 이성의 회칙'에서 선명하게 드러난다. 종교는 이성과 배치되지 않고, 오히려 이성을 요청한다는 메시지다. 믿음은 광기와 동행하는 것이 아니라 이성과 함께 날아야 한다는 것이다. 믿음과 이성이 진리를 향해 나아가는 두 날개라는 견해는 중세 후기에 등장하는 스콜라 철학에서 공고화되지만, 믿음과 이성의 균형을 중시하는 것은 기독교 신학의 토대를 세운 아우구스티누스에게서 이미 강조되고 있다.

　아우구스티누스가 기독교로 귀의하기까지의 정신 편력은 그가 쓴 《고백록》에 잘 나타나 있다. 이 책은 서양 자서전 문학의 효시로서, 어린 시절의 부끄러운 기억과 젊은 날의 방황에 대한 고백을 기도문 형식으로 담고 있다. 팔딱팔딱 튀는 문학적 감수성이 담긴 글을 읽는 맛도 좋지만, 당대 최고의 지성이 그리는 고대 지중해 세계의 지적 풍토를 읽는 맛도 쏠쏠하다. 어린 시절 한 번쯤은 해봤음직한 과일 서리를

아우구스티누스가 쓴 《고백록》 표지 사진. 이 책은 서양 자서전 문학의 효시로서, 그의 어린 시절의 부끄러운 기억과 젊은 날의 방황에 대한 고백을 기도문 형식으로 담고 있다.

두고 "과일이 탐이 나서가 아니라 사랑하는 친구와 과일을 훔치는 행위를 사랑했기 때문에 한 것이다."라고 표현한 대목에서는 심리 묘사가 뛰어난 한 편의 소설을 읽는다. 《고백록》이 오랜 시간 사람들의 사랑을 받는 이유다. 아우구스티누스는 악의 근원을 선의 결핍에서 찾는다. 악을 신의 탓으로 돌리지 않고 죄를 범하는 인간 의지의 나약함에서 찾았다.

그래서 이웃집 과수원에서 과일을 따 먹는 일과 같은 어린 시절의 장난까지도 악의 증거로 본 것이다. 그렇다면 어떻게 해야 우리는 이런 죄에서 벗어날 수 있을까? 아우구스티누스의 답은 미약한 인간은 혼자 힘으로 이 악의 늪에서 빠져 나올 수 없고, 인간을 도와주는 신의 전능한 의지를 필요로 한다는 것이다. 인간을 구원하는 신의 의지, 이것을 기독교에서는 신의 '은총'이라고 한다.

아우구스티누스는 기독교를 체계적인 논리로 정립한다. 아마도 원시 기독교 신자들에게는 체계적인 교리가 필요 없었을 것이다. 왜 예수가 하느님의 아들이면서 동시에 성령으로 태어난 인간이었는지를 고민할 필요가 없었을 것이다. 왜 성부와 성자, 그리고 성령이 서로 다른 위격을 가지면서도 하나가 될 수 있는지 삼위일체에 관한 질문을 던질 필요도 없고, 그에 대한 답을 할 필요도 굳이 없을 것이다. 그러나 기독교가 세계 종교로 발전하면서 다른 종교를 믿는 사람들로부터 기독교를 지키기 위해서, 또 신학 이론을 발전시키는 과정에서 논리를 발전시켜야 할 필요성이 점차 커졌다. 기독교의 진리를 지적으로 변호하는 변증론이 신학의 주요 분야로 떠오른 것은 어쩌면 당연한 일이었다.

플라톤 철학과 '역사적 종교'와의 만남
교부 철학을 정립한 아우구스티누스

아우구스티누스는 기독교에 플라톤 철학의 옷을 입혔다. 플라톤은 인간은 진리를 보지 못하는 쇠사슬에 묶인 동굴 속의 죄수와 같다고 했다. 지성(nous)의 눈으로 보지 못하고 육안의 눈으로만 보는 것은 한갓 그림자에 불과하고, 그 그림자를 만드는 진짜 세계는 우리가 갇힌 동굴 속 너머 저편에 있다고 했다. 플라톤이 말하는 진짜로 실재하는 세계, 곧 이데아의 세계는 아우구스티누스에 의해서 신의 세계가 되었다. 플라톤은 우리가 사는 세계는 현상 세계라고 했다. 우리는 현상 세계에 있는 것들을 감각을 통해서 보고 듣고 만지면서 그것이 진짜라고 생각하지만, 그것은 이데아의 모사에 불과한 가짜라고 했다. 정말 실재하는 것, 곧 이데아는 현상 세계에서는 망각되었다고 했다. 플라톤은 몸과 감각에 묶여 망각된 사실을 다시 기억해 내는 것을 철학의 사명으로 삼았다.

아우구스티누스에 와서 플라톤의 이데아 개념은 신의 개념이 되었다. 신은 완전한 실재였다. 우리가 살고 있는 세계, 곧 플라톤이 말하는 현상 세계는 아우구스티누스에게 와서는 불완전한 실재가 되었다. 그 사이에 위치한 인간은 한편으로는 영혼을 가진 완전한 실재이면서 동시에 육체를 가진 불완전한 실재가 된다. 플라톤은 참된 세계로 나아가기 위해 이성의 지도를 받은 절제와 조화를 강조했다. 플라톤은 그러한 자기 절제를 통해서 이데아를 기억해 낼 수 있다고 강조했다. 아우구스티누스에게 있어 참된 세계로 나아간다는 것은 신을 향해 나아가는 것이다. 다시 말해, 완전한 실재인 신을 사랑하는 것을 의미한다. 플라톤이 말하는 이데아를 기억해 낸다는 것은 아우구스티누스에게는 완전한 실재인 신을 기억해 내는 것이다.

이렇게 역사적 종교로서의 기독교는 아우구스티누스에 의해 철학이라는 옷을 입었다. 아우구스티누스가 살았던 시대는 기독교가 로

플라톤의 이데아는 아우구스티누에 의해 신의 세계가 되었다. 그림은 화가 돌시 카를로가 그린 〈신과 성령이 함께 하는 성(聖) 가족〉. 1630년 작품.

마 제국에서 허용되었고, 또 마침내 로마 제국의 공식 국교가 되는 시기였다. 제국이 공인한 유일무이한 종교로서 기독교가 가진 당면한 과제는 어떻게 기독교를 로마 사람들에게 이치에 맞게 설명할 것인가 하는 문제였다. 아우구스티누스 철학은 이 물음에 대한 하나의 응답이었다. 아우구스티누스는 《신의 나라》에서 신을 멀리 하는 나라를 하나의 강도 집단으로 보았다. 그것은 신을 멀리하려는 인간의 교만의 결과다. 이러한 교만한 자의 공동체가 아닌, 겸손하게 신의 은총에 의한 구원을 고대하는 공동체가 바로 신의 나라다. 여기서 아우구스티누스가 말하는 신의 나라는 기독교 공동체, 즉 교회를 말한다. 이렇게 아우구스티누스는 로마 제국이 사라진 이후에도 힘을 발휘할 수 있는 이론 체계(교의)를 구축했을 뿐만 아니라, 기독교 공동체에 필요한 제도로서의 교회 이론을 세운 '교회의 아버지(교부)'였다. 그가 세운 이론을 교부 철학이라고 부르는 이유다.

"이븐 루슈드(아베로에스)"

합리주의는 서구의 전유물

정재영

이븐 루슈드(Ibn Rushd, 1126~1198)를 아는가? 르네상스 시대의 화가 라파엘로가 바티칸 궁에 그린 '아테네 학당'에는 터번을 쓴 인물이 등장한다. 이 사람이 바로 이븐 루슈드다. '아테네 학당'에 나오는 유일한 이슬람 학자로, 유럽에서는 아베로에스(Averroes)라는 라틴어 이름으로 더 많이 알려져 있다.

단테가 쓴 《신곡》에서는 소크라테스, 플라톤, 아리스토텔레스 등 고대 철학자들과 함께 '림보(기독교 세례를 받지 못하고 죽은 이들이 가는 곳)'로 간 인물로 나온다. 이슬람 철학자가 왜 로마 바티칸 궁 벽화에 그려졌을까? 그는 아랍어로 기록된 아리스토텔레스 철학을 라틴어와 히브리어로 번역해서 유럽에 전한 사람이다. 기록에 따르면 그는 26년간 이 작업을 했다. 아리스토텔레스 책에는 간단한 약론에서 자세한 상론까지 세 종류로 나누어 주석을 달았다. 만약 루슈드의 작업이 없었다면 아리스토텔레스 철학은 유럽에 알려지지도 않았고, 기독교에 아리스토텔레스 철학의 옷을 입힌 중세 스콜라 철학이 탄생하기 힘들었을지도 모른다.

아리스토텔레스 철학을 라틴어로 번역해
유럽에 전한 이슬람의 철학자

스콜라 철학에서는 이름 대신 '철학자'라는 보통 명사로 통용되는 이가 있다. 이 '철학자'는 아리스토텔레스를 가리킨다. '철학자'와 함께 '주석자'라는 호칭으로 거명되는 이도 있다. 이 주석자는 루슈드를 지칭한다. 이상하지 않은가? 아무리 생각해도 통상적인 표기 방식은 아니다. 처음 '철학자'와 '주석자'가 중세 유럽에 등장할 때 그들은 모두 이슬람 세계에서 건너온 수상한 사람들이었다. 그러나 철학자가 그 혐의를 벗은 뒤에도 주석자는 철학자를 오독한 인물로 인용되었다. 주석자는 위대한 철학자를 오염시킨 간사한 이교도였을 뿐이었다.

나는 이것을 '루슈드 두들겨 패기'라고 부르고 싶다. 체제에 위협이 된다고 여겨지는 인물, 또는 사상이 소개될 때 종종 나타나는 양상이다. 위험한 철학이 퍼지는 것을 막기 위해서 감추다가, 더 이상 덮을 수 없는 지경이 되면 속죄양을 만들어서 두들겨 패는 것이다. 그러기 위해 때로는 집단 광기가 동원된다. 한마디로 마녀 사냥이다. 잠깐! 아리스토텔레스 철학이 그토록 위험한가? 아리스토텔레스는 상식을 존중하고 중용의 덕을 유난히 강조한 철학자가 아닌가? 상식과 중용의 철학자로 유명한 아리스토텔레스 철학을 소개한 이븐 루슈드를 위험한 인물로 두들겨 패야 할 특별한 이유가 있을까? 의문은 또 있다. 플라톤과 더불어 서양 철학의 전통을 세운 아리스토텔레스가 어떻게 이븐 루슈드에 의해서 유럽에 전해졌다는 말인가?

이 퍼즐을 풀기 위해서 우리는 아리스토텔레스 철학이 기독교 유럽 세계에서 실전(失傳)되었다는 역사적 사실을 먼저 짚고 넘어가야 한다. 중세 초기 유럽에서는 아리스토텔레스 철학은 논리학에 대한 단편적 기록 이외에는 거의 남아 있지 않았다. 앞에서 다룬 아우구스티누스 편에서 본 바와 같이 중세 초기의 철학은 기독교에 플라톤 철학을 결합한 교부 철학이 성행했다. 그러면 도대체 아리스토텔레스 철학은 어디에서 갑자기 나타났다는 말인가? 그것은 이슬람 세계에서 건너왔다. 기독교 유럽에서 실전된 아리스토텔레스 철학이 이슬람 세계에서 계승 발전되고 있었던 것이다.

라파엘로의 '아테네 학당'에 터번을 쓴 모습으로 그려진 루슈드(아베로에스). 그는 '아테네 학당'에 등장하는 유일한 이슬람 학자다.

유럽 문명보다 우월했던 이슬람의 황금시대
이성을 중시한 합리주의자 루슈드

흔히 중세를 암흑시대라고 부른다. 르네상스 시대의 인물 페트라르카가 처음 쓴 암흑시대라는 표현은 중세를 부르는 또 다른 이름이다. 그런가? 로마 제국, 더 정확하게 말하면 로마를 수도로 하는 서로마 제국이 무너진 뒤 지중해 세계의 질서는 크게 재편된다. 이슬람 세력은 북부 아프리카와 에스파냐와 포르투갈이 있는 이베리아 반도까지 세력을 넓혀 나간다. 지금 우리가 유럽이라고 부르는 지역은 이슬람 제국에 의해 포위되어 있는 형국이었다. 이 시기를 유럽에서는 암흑시대라고 부르지만, 이슬람에서는 황금시대라고 부른다. 물리적인 힘에서도 이슬람이 유럽보다 컸지만, 문화의 힘에서도 이슬람이 유럽을 압도하는 시기였다. 역사가는 이때를 '이슬람의 황금시대(750~1258)'라고 부른다.

이븐 루슈드는 1126년 에스파냐 코르도바에서 태어났다. 근대 이전 대부분의 학자처럼 그는 여러 분야에서 뛰어난 재능을 보였다. 당대 최고의 이슬람 학자들이 그렇듯이 그는 칼리프(이슬람 교단의 최고 지도자) 가족의 건강을 책임지는 궁정 의사이기도 했다. 철학과 과학, 그리고 의학 분야에 남긴 그의 업적은 곳곳에서 발견된다. 근대 의학이 출범한 곳으로 이름이 높은 이탈리아 파도바 대학의 의학부 교수들은 대부분 루슈드의 제자들이다. 기독교 세력에 의해 코르도바에서 쫓겨난 그의 제자들이 무더기로 베네치아 근처에 있는 파도바 대학에 자리를 잡았기 때문이다. 의학 분야에 관한 한, 당시 기독교 유럽의 학문 수준은 이슬람과 비교할 수 있는 것이 아니었다.

과학 분야에서도 그의 공헌은 크다. 과학사라는 학문을 개척한 20세기 과학사가 조지 사튼(George Sarton, 1884~1956)에 따르면 이븐 루슈드와 그의 주장을 따르는 아베로이즘(Averroism)은 16세기까지 이어졌다고 한다. 철학과 과학이 분리되지 않았던 근대 이전의 시기에 과학의 역사는 곧 철학의 역사이기도 하다. 사튼은 마녀 사냥을 당했던 이슬람 학자 이븐 루슈드의 명예 회복과 역사에서 지워진 아베로이즘 4백 년의 역사를 다시 복원해야 한다고 주장한다. 이븐 루슈드가 주창한 학문이 고대 학문에서 근대 학문으로 넘어가는 진정한 이행 과정을 보여 주고 있기 때문이라고 사튼은 말한다. 이 말에 동의한다. 루슈드가 잃어버린 아리스토텔레스 철학을 찾아 주었듯이, 우리도 루슈드 철학의 제자리를 찾아 주어야 한다.

철학의 눈으로 본 이븐 루슈드는 이성을 중시한 합리주의자다. 그것은 이슬람 교리에 반대하는 철학자들의 주장을 반박한 알 가잘리의 《철학자의 모순》을 재반박한 이븐 루슈드의 《모순의 모순》에서 잘 드러난다. 가잘리와 루슈드가 제기한 물음은 신학과 철학이 양립할 수 있는가 하는 문제다. 이 질문을 살짝 돌려서 말한다면 신앙과 이성은 서로 화합 가능한가 하는 물음이라고도 할 수 있다. 가잘리가 철학에 대한 신학의 우위, 또는 이성에 대한 신앙의 우위를 주장했다면, 루슈드는 가잘리의 주장에 대한 이의 제기라고 할 수 있다.

여기서 신학이란 이슬람 성전인 《쿠란》에 대한 해석과 예언자 무함마드의 언행을 기록한 《순나》를 구체적으로 설명한 《하디스》에서 기초한 이슬람 신학이며, 철학이란 고대 그리스 철학 원전에 대한 번역과 주해를 기초로 한 철학 연구를 말한다. 루슈드는 이슬람 율법이 철학 연구를 결코 금하지 않으며, 오히려 율법은 논증적 추론을 하는 철학 연구를 명한다고 주장한다. 여기서 루슈드는 철학과 신학의 조화를

아리스토텔레스는 고대 그리스 철학을 집대성한 유럽 철학자로 통용되지만 중세 시대에는 아랍 철학의 토대를 놓은 아랍 철학자로 자리매김 된다. 그림은 중세 시대에 그려진 아리스토텔레스의 모습(오른쪽). 그는 이슬람 세계에서는 검은 피부를 가진 흑인으로 그려진다.

변호하는 것을 뛰어넘어서 철학이야말로 진리의 최종 중재자라고까지 주장한다. 신앙에 대한 이성의 우위로 해석될 수 있는 이 주장은 후에 그가 이단으로 단죄되는 하나의 원인이 된다. 그는 율법학자들이 주도하는 철학에 대한 박해가 본격화되었을 때 코르도바 근처에 있는 작은 마을 루세나에 감금되었고 그가 쓴 책들은 불태워졌다. 그의 나이 70세가 되는 만년에 일어난 일이었다. 이듬해 그는 감금에서 풀려났지만, 모로코에서 생을 마감했다.

서구 사상의 전통을 이어준 철학자였지만
유럽인들은 기독교 세계를 위협하는 인물로 왜곡

눈을 다시 유럽 세계로 돌리면, 루슈드는 오늘의 서구 사상의 전통을 이어준 사람이다. 그는 서구 사상의 큰 흐름을 이루고 있는 아리스토텔레스 철학을 발굴하고 체계적으로 정리해서 중세 유럽에 전달해 주었을 뿐만 아니라, 서구 사상의 큰 특징으로 자리 잡은 합리주의 전통을 이어준 인물이다. 그 점에서 기독교 유럽 세계는 루슈드에게 큰 빚이 있다고 나는 생각한다.

그러나 그 빚을 갚기는커녕 두들겨 팬 죄가 있다. 유럽의 눈으로 정리한 지적 풍토에서 루슈드는 때로는 이름 없는 적으로, 때로는 기독교 세계를 혼란에 빠뜨리기 위해서 침투시킨 '사상 전사'쯤으로 등장한다. 그러한 흔적은 루슈드를 통해서 아리스토텔레스를 읽은 토마스 아퀴나스에 대한 평가에서 절정을 이룬다.

르네상스 시대의 화가 베노초 고촐리(Benozzo Gozzoli)가 그린 '아베로에스에 대한 아퀴나스의 승리'(부분). 이 그림에서는 스콜라 철학의 왕으로 칭송되는 아퀴나스와 그의 발밑에 납작 꿇어 엎드린 루슈드를 대조시키고 있다.

르네상스 시대의 화가 고촐리가 그린 그림 '아베로에스에 대한 아퀴나스의 승리'는 스콜라 철학의 왕으로 칭송되는 아퀴나스와 그의 발밑에 납작 꿇어 엎드린 루슈드를 대조시키고 있다. 과연 루슈드와 아퀴나스는 그런 사이인가? 그들은 이슬람 세계와 기독교 세계를 각각 대표해서 서로 싸운 사이인가? 아니다. 이건 집단 광기가 빚어낸 창작이다. 루슈드는 이슬람 세계에서 박해를 받은 일종의 반체제 인사이며, 아퀴나스는 그 당시 수상쩍게 생각한 고대 철학자 아리스토텔레스와 그 철학자를 소개한 주석자 루슈드를 적극 받아들여 방대한 신학 체계로 녹여낸 인물이다.

유럽 출신인 과학사가 조지 사튼은 유럽 세계가 이슬람 세계에게 진빚을 조금이라도 갚는 심정으로 이슬람 학자들을 만나 역사의 조각을 맞추었다고 한다. 그렇다. 이것이 역사의 제자리를 찾는 첫 걸음인지도 모른다. 불필요한 오해를 막기 위해서 분명하게 밝혀 두자면, 나는 여기에서 이슬람 철학이 기독교 철학보다 낫다는 주장을 하는 것이 아니다. 물론 그 역도 아니다. 소통이 막힐 때 벌어지는 대결 구도의 위험성을 고발하는 것이다.

루슈드는 소통의 길을 연 철학자지만, 닫힌 소통 구조에서 큰 피해를 본 철학자였다. 나는 루슈드를 통해 소통 공간이 막힐 때 나타나는 집단 광기를 읽는다. 루슈드가 아닌 아베로에스는 기독교 유럽을 위협하는 인물의 이름이었고, 아베로에스가 아닌 루슈드는 이슬람을 흔드는 위험한 인물이었다. 불행하게도 그는 이슬람 세계에서도 결코 환영받는 인물이 아니었다. 역사의 아이러니지만, 그의 철학은 이슬람 세계가 아닌 기독교 세계에 오히려 더 큰 영향을 끼쳤다. 과연 그는 어떤 이름으로 역사에 기록되기를 원할까? 이슬람의 이븐 루슈드일까, 아니면 유럽의 아베로에스일까?

Thomas Aquinas

"토마스 아퀴나스"

스콜라 철학의 완성

― 송 하 석

중세기는 게르만 민족의 이동으로부터 시작된다. 게르만 민족의 이동으로 시작된 유럽 민족의 대이동은 유목 민족과 농경 민족의 접촉을 야기했다. 그 결과 진취적인 유목 민족이 가지고 있던 목축에 관한 기술과 도구가 농경 민족에게 전해지면서 농업의 혁신이 일어나게 된다. 이러한 농업의 혁신은 풍족한 농업 생산물을 가질 수 있게 하여 중세기의 생산 체제인 봉건 제도를 빠르게 정착시켰고, 사회에는 잉여 생산물이 축적되었다. 중세기 농업 혁신으로 인한 잉여 생산물의 축적은 사회에 경제적인 여유를 제공했고, 이는 12세기 이후 중세기의 대학 설립의 기초가 되었다.

신학과 합리주의적 가치의 결합
스콜라 철학의 정점에 있는 토마스 아퀴나스

스콜라 철학은 대학의 설립과 불가분의 관계를 갖는다. 중세기 초 교부 철학은 교부(敎父), 즉 성직자들에 의한 철학으로, 비교적 초월주의적인 성격이 강한 기독교 철학이다. 대학의 등장은 교부 철학이 스콜라 철학으로 대체되는 계기가 되었다. 스콜라 철학은 학자(스콜라)에 의한 철학으로, 그리스 철학(특히 아리스토텔레스의 철학)이 기독교의 가르침과 결합하여 성립된 철학 체계다. 따라서 스콜라 철학은 교부 철학에 비해서 합리주의적 가치가 강조되는 기독교 철학이라고 할 수 있다. 스콜라 철학도 여전히 초월적이고 신비주의적인 면을 가지고 있기는 하지만, 스콜라 철학자들은 신이 인간의 삶에 개입하는 일반적인 방식은 합리적인 자연법칙을 통해서라고 주장한다. 이렇게 대학의 등장은 중세기를 기독교의 초월적이고 신비주의적인 정신과 합리적이고 과학적인 정신이 공존하는 시대로 만드는 계기가 되었고, 그 중심에 스콜라 철학이 있고, 스콜라 철학의 정점에 토마스 아퀴나스가 있다.

토마스 아퀴나스(Thomas Aquinas, 1224?~1274)는 1224년(혹은 1226년) 이탈리아의 나폴리 근교에서 태어났다. 그는 젊은 시절 나폴리 대학에

스콜라는 오늘날 '학파'라는 뜻으로 이해되고 있으며, 특히 9~15세기에 걸쳐 유럽의 정신세계를 지배했던 신학에 바탕을 둔 철학적 사상을 일컫는 데 쓰이고 있다. 때문에 철학사에서는 이 시기의 철학을 통틀어서 흔히 스콜라 철학이라 부르고 있다. 그림은 14세기 학교의 모습.

서 수학하고, 1245년 파리 대학으로 유학을 떠난다. 그곳에서 당시 대학자인 알베르투스 마그누스를 만나는데, 그와 함께 몇 해 동안 쾰른에서 연구 생활을 한 것을 제외하면 거의 10여 년을 파리 대학에서 보낸다.

그런데 당시의 파리 대학은 신앙과 이성의 갈등으로 혼란스러운 시기였다. 1215년 로마 교황청은 아리스토텔레스 연구를 금지하고, 1231년 아리스토텔레스 철학에 담긴 오류를 시정하도록 권고한 위원회를 결성하기에 이른다. 1250년경 아리스토텔레스에 관한 강의 금지령이 해제된 후에도, 신앙과 이성에 대한 논쟁은 끝나지 않았다.

중세기 철학자들을 논쟁의 소용돌이에 빠뜨린 중요한 두 개의 주제가 있는데, 그중 하나는 신앙과 이성의 긴장에 관한 문제였고, 다른 하나는 보편자 문제에 관한 것이었다. 여기서는 첫 번째 문제에 대한 아퀴나스의 입장을 살펴보면서 13세기 중세기 스콜라 철학, 혹은 스콜라 신학에 대해 이해해 보기로 하자.

이해하기 위해서 믿는가?
신학과 철학이 만나 '믿기 위해서 이해한다'

신앙과 이성의 긴장에 대한 중세 철학자들의 입장은 매우 다양했다. 즉, '불합리하기 때문에 믿는다.'고 말한 터툴리안과 같이 극단적으로 신앙을 우위에 둔 입장에서부터, 보에티우스처럼 계시적 진리를 받아들이지만 철학의 합리적 진리를 여전히 강조하는 입장까지 매우 다양했다. 이런 상황에서 아랍의 철학자, 아베로에스(Averroes)의 영향을 받은 일군의 신학자들은 신앙의 진리와 이성의 진리는 별개의 것이고, 따라서 진리는 두 개라는 이중 진리론(double-truth theory)을 통해서 그러한 갈등을 해소하려고 시도하기도 했다. 이중 진리론은 하나의 현상에 대한 신앙적 관점에서의 진리와 이성적 관점에서의 진리가 서로 충돌하는 경우에 어떤 것을 받아들여야 하는가라는 비판적인 물음에 만족스러운 대답을 제시하지 못했다.

아퀴나스는 신학과 철학은 구별되지만, 그 둘이 결코 모순될 수 없다고 주장한다. 그는 인간의 이성에는 고유의 법칙이 있고, 그것을 통해서 신의 개입 없이도 진리를 인식할 수 있고, 따라서 신앙으로 계시된 진리만이 유일한 진리는 아니라고 주장한다. 즉, 인간에게는 두 가지 인식 방법과 인식 영역이 있고, 그런 이유 때문에 이성이 인식할 수 있는 것과 신의 계시에 의한 인식이 있다. 그리고 그 두 영역은 분명하게 구별되는 것이고, 따라서 경험을 통해서 이성적으로 인식할 수 있는 영역을 다루는 철학과 초자연적인 계시의 진리 영역을 다루는 신학은 구별된다. 그러나 이성의 법칙에 따라 인식된 진리와 계시를 통해서 얻게 된 진리는 서로 보충적일 수는 있지만 결코 모순적이지는 않다고 주장한다. 그렇다면 철학적 진리와 신학적 진리가 모순되지 않는 이유는 무엇일까? 아퀴나스에 따르면, 인간의 철학적 진리는 인간이 신에 의해서 창조될 때 부여 받은 이성에 의해서 그 정당성을 갖게 된다. 이성적 진리는 신이 부여한 이성에 근거한 것이기 때문에, 결코 신이 특별한 은총으로 부여하는 계시적 진리와 충돌할 수 없다는 것이다.

신앙과 이성 사이의 관계에 대한 교부 철학자 아우구스티누스의 입장은 '이해하기 위해서 믿는다.'는 말로 요약할 수 있고, 아퀴나스의 입장은 '믿기 위해서 이해한다.'는 말로 요약할 수 있다. 아우구스티누스는 신앙이 지식의 토대이며, 이성적 지식보다는 신앙이 우선한다는 점을 강조한다. 그러나 '믿기 위해서 이해한다.'라고 표현된 아퀴나스의 입장을 이성이 신앙을 위한 토대라는 뜻으로 이해하는 것은 적절하지 않다. 오히려 그의 말은 신앙의 영역과 이성의 영역은 서로 보완적이고, 자연적 이성을 통해서 신앙으로 나갈 수 있다는 합리적 신앙을 강조한 것으로 이해해야 할 것이다.

요컨대 아우구스티누스처럼 아퀴나스도 이성에 의한 지식을 신앙(계시)에 의한 지식보다는 낮은 단계의 것으로 보았고, 이성적 사고와 신앙적 사고가 함께 할 때 세계에 대한 완전한 이해에 도달할 수 있다는 기독교적 사유 틀 내에 있었던 것이다.

'경험 세계의 중요성에 대한 인식'
'목적론적 세계관'
아리스토텔레스를 기독교화하다

교부 철학이 플라톤, 정확히 말해서 신플라톤주의의 영향을 크게 받았다면, 스콜라 철학은 아리스토텔레스의 영향을 크게 받았다고 할 수 있다. 그러나 아리스토텔레스의 철학은 중세기 신학자들이 받아들이기에는 여러 가지 어려움이 많았다. 왜냐하면 아리스토텔레스의 철학의 중요한 부분이 기독교의 교리에 맞지 않았기 때문이다. 아리스토텔레스는 자연은 본성상 지금의 모습대로 존재할 수밖에 없으며 거기에는 변하지 않는 규칙이 내재되어 있다고 주장한다. 그의 입장을 받아들이면, 신의 개입으로 발생하는 기적을 인정할 수도 없었고, 우주를 신의 피조물로 여기기도 어렵다. 또한 당시 기독교 사상은 플라톤의 영향을 받아, 현실 세계에 대한 연구를 성서 연구의 부수적인 것 이상으로 간주하지 않았지만, 아리스토텔레스의 철학은 경험적인 현실 세계에 대한 탐구로부터 시작되고 그러한 탐구는 그 자체로 중요한 가치를 갖는 것으로 인정한다. 그렇다면 아퀴나스는 아리스토텔레스 철학을 어떻게 기독교 신학과 화해시켜 기독교화할 수 있었을까?

아퀴나스가 아리스토텔레스로부터 물려받은 가장 중요한 유산은 경험 세계의 중요성에 대한 인식과 목적론적 세계관이다. 경험적이고 현실적인 것에 주목한 아리스토텔레스로부터 아퀴나스는 진리에 도달하기 위해서 구체적이고 현실적인 것에서 출발해야 함을 배웠다. 플라톤의 영향을 받은 아우구스티누스는 인간의 참된 지식은 신이 인간에게 빛을 비추어 알게 된다고 주장한다(이를 "신의 조명설"이라고 한다). 그러나 아퀴나스는 신의 직접적인 개입 없이 인간의 이성을 통해서 진리에 도달할 수 있다고 믿었다. 이는 현실 세계에 존재하는 감각적 대상을 실재(reality)라고 여기고, 경험과 인간 이성을 통해서 그러한 실재에 대한 지식을 탐구하려는 아리스토텔레스의 영향 때문이라고 할 수 있다. 또한 아퀴나스의 경험론적인 면은 그의 신에 대한 존재 증명에서도 분명하게 나타난다. 아퀴나스 이전의 철학자들은 신이란 인간의 정신에 자명하게 드러난다는 이른바 선험적인 증명을 시도했지만, 아퀴나스는 인간의 감각적 경험을 토대로 하는 경험적인 신 존재 증명을 제시한다.

아퀴나스가 아리스토텔레스로부터 가장 큰 영향을 받은 것은 바로 목적론적 사상이다. 이 점은 특히 그의 윤리학에서 잘 나타난다.

목적론에 따르면, 인간의 행위는 물론 인간 존재 자체에도 목적이 있다. 인간에게 존재의 목적이 있듯이, 인간을 구성하는 모든 기관에도 목적이 있다. 예컨대 눈은 보기 위해 존재하고, 귀는 듣기 위해 존재한다. 즉, 눈은 '보기 위함'이라는 목적을, 귀는 '듣기 위함'이라는 목적을 가지고 있다. 그리고 모든 존재는 자신에게 부여된 목적을 잘 실행할 때 자연스럽고 바람직한 존재 상태에 있을 것이다. 그래서 모든 존재는 그 존재의 목적을 달성하려고 행위 할 때 도덕적이다. 만약 우리가 우리의 신체 일부를 그 존재 목적에 어긋나게 사용한다면, 그 행위는 자연스럽지 못하고, 부도덕하다. 중세기 기독교가 성 윤리에서 특별히 자위나 동성애를 어떤 성적인 부도덕보다 강하게 비난한 이유도 이 때문이다. 인간의 성 행위의 목적과 성 기관의 존재 목적을 생식이라고 보았던 기독교 윤리에 따르면, 생식이라는 존재 목적에서 벗어난 행위들은 자연스럽지 않은, 부도덕한 행위로 여길 수밖에 없었을 것이다.

아퀴나스는 아리스토텔레스의 목적론을 받아들이면서, 인간의 궁극적 목적이 행복이라는 데도 동의한다. 즉, 행복이 인간이 추구해야 할, 인간의 궁극적 존재 목적이라는 것이다.

그러나 아퀴나스는 행복 그 자체는 절대적인 것이어야 하고, 영원한 것이어야 하기 때문에 신을 아는 지식에 의존할 수밖에 없다고 주장한다. 다시 말해서 아퀴나스는 아리스토텔레스처럼 철학적 사유, 관조적 삶에서 행복을 찾은 것이 아니라, 기독교인답게 완전하고 궁극적인 지식은 신을 아는 지식이고, 그것이 바로 인간의 궁극적 행복이라고 주장하는 것이다.

아리스토텔레스와 아우구스티누스를 재료로
스콜라 철학의 신전을 완성하다

　아퀴나스가 스콜라 철학이라는 거대한 신전을 완성하는 데는 아리스토텔레스의 철학이라는 재료만으로는 충분하지 않았다. 아퀴나스는 아리스토텔레스를 '그 철학자'라고 칭한 것처럼, 아우구스티누스를 '그 신학자'라고 칭했다. 다시 말해 아퀴나스에게 있어서 철학자라고 하면 당연히 아리스토텔레스였던 것처럼, 신학자라고 하면 아우구스티누스, 단 한 사람이었던 것이다. 그러니까 스콜라 철학이라는 거대한 신전을 건축하기 위한 또 하나의 중요한 재료는 아우구스티누스인 셈이다. 물론 아퀴나스는 아우구스티누스와 많은 점에서 다르다. 그러나 아퀴나스가 그의 대표적인 저서 중 하나인 《이방인 대전》의 머리말에서 밝히고 있듯이, 그의 과제는 아우구스티누스처럼 "신에 대한 책임 있는 이야기"로서 신학을 제시하는 것이었다. 아퀴나스가 아우구스티누스와 달리 신앙의 영역과 이성의 영역을 구분했지만, 신앙의 영역으로서의 신학에 초월적인 계시와 기독교 구원의 신비주의적 영역을 남겨둔 것은 플라톤주의적이며, 아우구스티누스적이라고 할 수 있다. 그런 점에서 '철학자' 아퀴나스는 아우구스티누스주의자가 아니었지만, '신학자' 아퀴나스는 아우구스티누스주의자였다고 평가

하는 것이 적절할 것이다. 결국 아퀴나스는 아우구스티누스라는 눈을 통해서 아리스토텔레스를 수용함으로써 스콜라 철학이라는 거대한 신전을 완성한 셈이다.

아퀴나스는 1272년, 나폴리 대학으로 돌아가서 연구와 강의를 계속하다가, 1273년 일종의 무아지경의 깨달음을 체험한 것으로 알려졌다. 그는 "내가 이제껏 쓴 것들은, 내가 보았고 나에게 계시된 것에 비한다면 한낱 지푸라기처럼 느껴졌다."라고 말하고, 강의와 저술 활동을 중지했다고 한다. 50년이라는 길지 않은 삶을 오직 연구와 저술, 그리고 대학에서의 강의로 보낸 아퀴나스. 인간의 이성에 대한 신뢰를 보내면서도 절대자인 신에 대한 경외감을 가지고 신에 대한 지적인 여정을 멈추지 않았던 아퀴나스. 그는 지금 21세기를 살아가는 우리에게 "종교와 이성 사이의 올바른 관계가 무엇인가?"라는 근원적인 문제에 대한 진지한 성찰을 촉구하고 있는 것은 아닐까?

"윌리엄 오컴"

보편은 이름에 불과한가? .... 박일호

다음 두 주장을 비교해 보자.

"우리는 자명성이나……또는 경험에 근거한 것이거나 아니면……
이들로부터 논리적으로 추론될 수 있는 것이 아니라면, 어떤 진술이 참이라고 확증
하거나 어떤 것이 존재한다고 주장할 수 없다."

철학의 숲, 길을 묻다
169

"자명하게 참인 진술들과 경험에 의해서 확실하게 혹은 개연적으로 참이라는 것을 검증할 수 있는 진술들만이 유의미하다."

이 중에 하나는 14세기 초반, 다른 하나는 20세기 초반 철학자의 말이다. 두 주장 모두 '자명성'과 '경험'을 이용해서 참의 근거를 밝히고 있다. 구분할 수 있겠는가? 어느 것이 14세기이고, 어느 것이 20세기의 말인가? 물론 구분하기 쉽지 않다. 사실 이 둘이 말하는 바는 거의 같다.

경험과 계시의 불편한 동거
종교와 철학을 조화시키려는 노력

그럼 다시 물어보자. 위 주장들은 14세기와 어울리는가, 아니면 20세기와 어울리는가? 종교가 인간 이성을 심각하게 제한했던, 그래서 일반적으로 학문의 암흑기라고 불리는 중세 14세기와 상대성 이론과 양자 역학 등의 비약적인 발전으로 과학이 모든 지식의 모범으로 여겨졌던 20세기 초반 중에서 어느 시대에 더 어울리는 주장인가? 20세기 초반 과학의 엄청난 성공을 경험한 몇몇 지식인들은 그 어떤 학문 분야보다 과학은 합리적이라고 생각하게 되었다. 그들은 당시 심각한 사회적인 문제들이 과학적 방법을 사용하지 않았기 때문에 발생한 것으로 생각했으며, 따라서 과학 특유의 방법을 사용한다면 당면한 사회적 문제를 해결할 수 있으리라 기대했다.

이때 과학 특유의 방법의 핵심을 이루는 것은 경험(관찰)에 의한 검증이었으며, 경험에 의해서 검증될 수 없는 주장들, 예컨대 형이상학적, 종교적, 이데올로기적 주장들은 무의미한 것으로 보고 제거하려 했다. 이런 종류의 주장을 했던 사람들로는 논리 실증주의(logical positivism) 혹은 논리 경험주의(logical empiricism)가 대표적이다. 이런 점을 생각할 때, 위의 두 주장은 20세기 초반과 더 어울린다고 할 수 있다. 사실 두 번째 인용문은 대표적인 논리 실증주의자 중에 한 명인 알프레드 에이어(Alfred Jules Ayer)의 것이다. 그리고 첫 번째가 바로 14세기 초반 중세 철학자의 주장이다. 정말 14세기 초반 중세 철학자의 주장으로 보이는가? 이 주장을 문자 그대로 받아들인다면, 경험에 의해서 검증되기 어려운 종교적인 주장도 참이라고 확증될 수 없는 것들이 된다. 14세기 초반 중세 철학자가 이런 주장을 하는 것이 정말로 가능한가?

물론 그렇다. 이해의 실마리는 생략된 부분에 있다. 위 인용문 "우리는 자명성이나……또는 경험에 근거한 것이거나 아니면…… 이들로부터 논리적으로 추론될 수 있는 것이 아니라면, 어떤 진술이 참이라고 확증하거나 어떤 것이 존재한다고 주장할 수 없다."에서 '……'

부분에는 무엇이 생략된 것으로 보이는가? 자명한 것, 경험에 의해서 검증된 것 이외에 우리가 참이라고 확증할 수 있는 것이 그 부분에 생략되어 있다. 무엇이 생략되었을 것 같은가? 그것은 바로 신 혹은 신의 말씀, 즉 계시다. 이것을 보충하면 위 인용문은 다음과 같다.

"우리는 자명성이나 계시 또는 경험에 근거한 것이거나 아니면 계시된 진리나 이들로부터 논리적으로 추론될 수 있는 것이 아니라면, 어떤 진술이 참이라고 확증하거나 어떤 것이 존재한다고 주장할 수 없다."

비록 경험과 계시가 불편하게 동거하고 있지만, 생략되어 있는 부분을 채우니 이제 중세 철학자의 주장이라는 것이 이상해 보이지 않는다. 이런 주장을 한 중세 철학자는 바로 윌리엄 오컴(William of Ockham)이다.

오컴 자신이 원했던 결과는 아니었지만, 이 경험과 계시 사이의 불편한 동거는 경험을 무시한 채 이성적 추론만으로 종교와 철학을 조화시키려는 기존 중세 철학자들의 노력에 결정적인 타격을 가하게 된다. 그리고 그 영향은 홉스와 흄 등의 영국 경험론자들뿐만 아니라, 20세기 논리 실증주의자들에게까지 이른다.

윌리엄 오컴은 토마스 아퀴나스(Thomas Aquinas), 존 둔스 스코투스

(John Duns Scotus)와 더불어 후기 중세 철학의 빅3(Big3)에 포함된다. 그는 1280년대 말 영국 런던 근처 오컴이라는 지역에서 태어났으며, 1347년 즈음 독일 뮌헨에서 (아마도) 흑사병으로 죽었다. 그는 신학자이자, 철학자 그리고 정치가로 알려져 있다.

오컴은 수도사의 청빈을 강조하는 프란체스코 수도회의 일원이었다. 이 프란체스코 수도회의 엄격한 청빈은 당시 많은 부를 축적하고 사치를 즐겼던 교황 요한 22세에게는 무척 거슬리는 것이었다. 결국 요한 22세는 여러 이유에서 프란체스코 수도회의 몇몇 인물들을 파문하게 된다. 그러자 파문당한 수도회 인물들은, 당시 황제 임명권을 둘러싸고 교황 요한 22세와 대립하고 있었던 독일 황제 바바리아의 루이스(Louis the Bavarian)를 도와 교황을 향한 사상 투쟁을 벌이게 된다. 오컴은 바로 이때 독일 황제 편에서 투쟁을 이끌었던 중요 지도자 중에 한 명이었다.

물론 이런 철학 외적 활동 때문에 그가 유명한 것은 아니다. 혹시 당신이 그의 이름을 들어봤다면, 그것은 아마도 다음 두 가지 때문일 것이다. 면도날과 유명론. 과거 인물에 대한 일반적인 이미지가 대부분 그러하듯 오컴의 철학을 '면도날과 유명론'으로 요약하는 것은 잘못이다. 그는 면도날로 비유되는 철학적 원칙을 처음으로 제시한 사람이 아니었으며, 엄격하게 말하자면 유명론자도 아니었다. 이제 이 두 가지에 대해서 좀 더 알아보자.

오컴의 면도날, 검약의 원칙
신은 불필요한 존재를 늘릴 수도 있다

'검약의 원칙(principle of parsimony)', '경제성의 원칙(principle of economy)'과 같은 말로 사용되는 '오컴의 면도날(Ockham's razor)'은 일반적으로 '존재하는 것의 수를 불필요하게 늘려서는 안 된다(Entia non sunt multiplicanda sine necessitate).'는 것으로 알려져 있다. 예를 들어 생각해 보자. 아리스토텔레스 물리학에 따르면 달 위의 세계(천상계)에서 성립하는 물리 법칙과 달밑의 세계(지상계)에서 성립하는 물리 법칙은 서로 다르다. 하지만 뉴턴의 역학은 그 둘을 구분하지 않는다. 달 위의 세계든, 달밑의 세계든 오직 하나의 물리 법칙만 있을 뿐이다. 이런 점에서 뉴턴 역학과 달리 아리스토텔레스의 물리학은 불필요하게 다수, 즉 천상계와 지상계를 상정했다고 말할 수 있다. 이때 검약의 원칙은 이 둘 중에서 보다 단순한 뉴턴 역학을 선택하라고 조언한다. 오컴의 면도날에서 '면도날'은 이론에 불필요하게 추가된 것을 싹둑 잘라 버리는 것을 비유한 것이다.

그러나 이런 검약의 원칙에 왜 '오컴'이라는 이름이 붙었는지는 불분명하다. 오컴 이전의 철학자들, 가령 토마스 아퀴나스, 둔스 스코투스는 물론이고 심지어 아리스토텔레스에게서도 이런 원칙은 발견되며, '오컴의 면도날'이라는 용어는 오컴이 죽은 후 수 세기가 지난 19세기에 처음 등장했다. 한편 검약의 원칙으로 흔히 알려져 있는 '존재하는 것의 수를 불필요하게 늘려서는 안 된다.'라는 경구도 오컴의 글에는 등장하지 않는다. 그렇다면 검약의 원칙에 그의 이름이 붙은 것은 기껏해야 오컴이 그 원칙을 가장 충실하게 적용했기 때문인 듯하다. 하지만 그가 이 원칙을 어떻게 적용하는지 이해하는 데 있어 주의해야 할 것이 있다.

오컴에게서 찾아볼 수 있는 검약의 원칙은 맨 처음 소개한 인용문으로 요약될 수 있다. 그 인용문은 무언가를 참이라고 확증하기 위해서는 충분한 이유가 있어야 한다는 것이다. 물론 그 이유에는 신의 계시, 경험 등이 포함되어 있다. 즉, 오컴의 검약의 원칙은 충분한 이유 없이 무언가를 참이라고 믿어서는 안 된다는 것으로 요약된다. 이것은 '우리 인간의 지성'에 적용되는 원칙이다. 다른 말로, 우리가 세계에 대한 지식을 확립하는 데 있어 갖추고 있어야 할 원칙이라는 것이다. 하지만 이 원칙은 신에게 적용되지 않는다. 다른 말로, 오컴에게 있어 '신은 이 세계를 만들 때 존재하는 것의 수를 불필요하게 늘리지 않았다.'는 식의 주장은 성립하지 않는다. 전능한 신은 원한다면, 불필요한 존재를 원하는 만큼 늘릴 수 있다.

물론 '둥근 사각형', '결혼한 총각'과 같은 모순은 전능한 신도 만들 수 없다. 뿐만 아니라, 모순을 제외하고 무엇이든 할 수 있는 신은 우리가 알고 있는 물리 법칙을 위반하는 일들을 할 수 있으며, 물리 법칙 없이도 무슨 일이든 할 수 있다. 가령 우리가 사는 세계에서 무거운 물체는 아래로 떨어지기 마련이지만, 신이 원한다면 무거운 물체가 위로 올라갈 수도 있다. 바로 이런 의미에서 기적은 가능하다. 그리고 바로 이런 의미에서 신만이 필연적이며, 그것을 제외한 모든 것은 우연적이다. 여기서 신이 필연적이라는 것은 어떤 경우든 신의 존재는 변함이 없다는 것이며, 신 이외의 것이 우연적이라는 것은 신의 의지에 의해서 그것들은 언제든 바뀔 수 있다는 것이다.

온건한 유명론자 오컴 보편자를 부정하지만 보편에 대한 논의를 부정하지는 않는다

오컴의 면도날과 더불어 한 가지 더 언급할 만한 것은 그의 유명론(nominalism, 唯名論)이다. 먼저 유명론이 무엇인지 생각해 보자. 당신은 지금 어딘가에 앉아 컴퓨터를 보고 있다. 아마도 당신은 인간일 것이다. 인간인 당신은 존재하는가? '존재'라는 말이 들어 있다고 당황할 필요는 없다. 어려운 질문이 아니다. 당연히 존재한다(물론 존재하지 않는다고 의심할 수 있다. 아무튼 우선 상식적으로 생각해 보자). 인간인 당신이 존재한다는 것이 당연하다면, 이제 다시 물어보자. 당신은 몇 개인가? 당연히

1개다. 이것은 의심스럽지 않다. 당신과 아주 유사한 일란성 쌍둥이 동생이 있다고 하더라도 그 쌍둥이 동생은 당신이 아니다. 당신은 분명 하나다. 다시 생각해 보자. 당신은 지금 PC방에 앉아 있다. 당신 옆에는 친구들이 열심히 게임을 하고 있다. 당신 친구들 각각은 다 하나다. 기한이도 하나고, 규삼이도 하나고, 미노도 하나고, 석이도 하나다. 하지만 인간은 모두 몇 명인가? 인간인 당신과 당신 친구들 각각은 하나지만, 인간은 하나가 아니다.

이렇게 인간 각각은 하나씩 있지만 인간은 여럿이라고 말할 때 우리는 무언가를 가정하고 있다. 즉, 인간인 당신과 당신 친구들이 공유하고 있는 것으로, 그것을 가지고 있으면 인간이라고 부를 수 있는 그 무엇을 가정하고 있다. 보통 그런 것을 '보편자(universals)'라고 부른다. 그것은 인간이라면 보편적으로 가지고 있는 것을 의미한다. 그리고 그런 보편자를 가지고 있는 각각의 인간과 같은 것을 '개별자(particulars)'라고 부른다. 가령, 점심 대신 먹으려고 여기 놓아둔 붉은 사과는 개별자지만, 그 붉은 사과가 가지고 있는 듯 보이는 붉음(redness)과 같은 것은 보편자다. 이런 보편자는 여러 개별자에 나타날 수 있다. 즉, 앞에 있는 사과도 붉고, 소방차도 붉고, 늦은 오후의 태양도 붉다. 각각의 개별자는 붉음이라는 보편자를 가지고 있다.

그럼 생각해 보자. 개별자와 보편자 모두 존재한다고 할 수 있는가? 우선, 개별자가 존재한다는 것은 다소 분명하다. 그것은 분명 어떤 시공간의 한 위치를 점유하고 있으며, 한 번에 여러 곳을 점유할 수 없다. 당신은 지금 어떤 모니터 바로 앞에 앉아 있다. 하지만 이와 동시에 모니터 뒤에 앉아 있을 수는 없다. 개별자는 한 번에 여러 곳을 점유할 수 없다. 하지만 보편자는 다르다. 붉음이라는 보편자는 책상 위에 있는 붉은 사과에도, 냉장고에 있는 토마토에도 나타난다. 보편자는 동시에 두 곳에 나타날 수 있다. 이런 점에서 보편자의 존재가 의심스러울 수 있다. 하나의 보편자가 동시에 여러 곳에 나타날 수 있다는 것은 시공간을 초월해 있다는 말과 유사하다. 시공간을 초월해 있는 것이 존재한다고 말할 수 있을까?

유명론이란 그런 보편자의 존재를 부정하는 것이다. 존재하는 것은 개별자밖에 없으며, 개별자들 사이의 공통적인 것은 오로지[唯] 이름[名]밖에 없다는 것이 바로 유명론(唯名論)이다. 이 유명론의 대표적인 인물이 바로 오컴이다. 오컴의 유명론과 관련해서 몇 가지 기억할 만한 것이 있다. 우선 보편자가 시공간을 초월해 있다는 이유만으로 오컴이 그 존재를 부정한 것은 아니라는 점이다. 오컴에게 시공간을 초월했다는 것과 존재는 관련이 없다. 즉, 시공간을 초월해도 존재하는 것이 있다. 무엇이겠는가? 그것은 바로 신과 천사들이다. 두 번째는 오컴의 유명론과 '존재자의 수를 불필요하게 늘려서는 안 된다.'는 주장 사이의 관계다. 오컴은 보편자가 불필요하다고 면도날로 도려낸 것이 아니다. 앞에서 말했듯이, 오컴에게 있어 신은 원한다면 (모순을 제외하고) 불필요한 것을 만들 수 있다. 따라서 불필요하다고 그것을 거부할 이유는 없다. 그보다 오컴이 보편자의 존재를 거부한 이유는 그것에 대한 지식이 앞에서 말한 계시나 관찰로 확립될 수 없고, 또 자명하지도 않기 때문이었다.

면도날과 유명론으로 알려진 오컴
그러나 더 중요한 것은 오컴의 논리학이다

다소 전문적으로 서술하자면, 그는 온건한 유명론자 혹은 개념론자(conceptualist)로 분류될 수 있을 것이다. 앞에서도 언급했지만 철학사적으로 그가 중요한 이유는 사실 그의 논리학에 있다. 그의 논리학의 독창성과 영향력은 과소평가되어서는 안 될 것이다. 오컴에 대한 보다 전문적인 이해를 위해서는 무엇보다 그의 논리학에 대한 이해가 선행되어야 할 것이다. 앞에서 언급한 대로, 오컴의 경험주의는 철학사는 물론이고 과학사적으로도 의미가 있다. 그로 말미암아 인간의 지성은 사변(경험이 아닌 순수한 논리적 사고만으로 현실 또는 사물을 인식하려는 일)을 중시하는 중세의 합리주의적 전통으로부터 벗어날 수 있게 되었고, 경험을 인간 지식의 가장 중요한 원천으로 생각할 수 있게 되었다. 이는 철학사적으로 근대 경험론과 20세기 논리 실증주의에까지 영향을 미친다.

뿐만 아니라, 과학사적으로도 사변으로 가득 찼던 중세 과학에서 벗어나 관찰과 실험을 중시하는 근대 과학으로 넘어가는 데 있어 적지 않은 영향을 주었다.

마지막으로 하나만 더 언급하자. 움베르토 에코의 소설 《장미의 이름》에 등장하는 '프란체스코 수도사 윌리엄'은 오컴을 모델로 한 것이라고 알려져 있다. 소설의 시대적 배경과 주인공의 몇 가지 말들로부터 윌리엄 오컴의 흔적을 찾을 수도 있을 것이다.

3장
근대

새로운 세계를 향한 원리 찾기

마키아벨리에서 데이비드 흄까지

modern times

3장 | 근대

새로운 세계를 향한 원리 찾기

한시대가 이전 시대를 이렇게 총체적으로 부정한 시기가 또 있었을까? 근대는 그 이전 시대인 중세를 컴컴한 '암흑의 시대'로 만들었다. 그리고 자신의 시대를 환한 빛이 비치는 '계몽의 시대'로 자부했다. 그래서 중세와 근대에는 건널 수 없는 단절의 강이 놓이게 되었다. 그 단절의 선봉에 나선 것은 철학이었다.

근대 철학의 아버지로 불리는 데카르트(Descartes)는 그 이전의 모든 권위와 전통을 의심했다. 그는 "철학에서 논쟁의 대상이 되지 않는 것은 하나도 없다."고 선언하고, 이성을 올바르게 인도해서 학문의 진리를 탐구하는 방법을 선보였다. 데카르트보다 앞선 시대를 살았던 베이컨(Bacon)도 그 이전 시대의 철학자를 신뢰하지 않았다. 그래서 베이컨도 데카르트와 마찬가지로 새로운 학문 연구 방법으로 《노붐 오르가눔(Novum Organum, 새로운 기관)》이라는 책을 썼다. 이것은 그 이전까지 학문 연구 방식의 기준이 되었던 아리스토텔레스의 《오르가논(Organon, 기관)》을 폐기 처분하겠다는 의지를 담은 것이다.

데카르트와 베이컨은 각각 이성과 경험을 학문 연구의 새로운 방법으로 내세웠지만, 그 이전 시대의 모든 권위와 전통을 부정했다는 점에서는 의견을 같이 한다. 3장 근대 편에서는 이성을 중시하는 근대 합리주의 철학자와 경험을 중시하는 근대 경험주의 철학자들이 등장한다. 이성을 올바르게 사용하면, 연역적 방식으로 진리에 도달할 수 있다는 합리주의 계열의 철학자로 데카르트와 스피노자, 그리고 라이프니츠가 소개되고, 진리는 경험을 통해서 정당화된다는 귀납적 방식을 중시한 경험주의 계열의 철학자로 로크와 버클리, 그리고 흄이 소개된다. 근대 철학의 조류를 양분한 합리주의와 경험주의는 이렇게 진리의 길로 가는 방법에 대해서는 의견을 달리 하지만, 이 세계에 진리의 왕국을 건설할 수 있다는 장밋빛 꿈을 공유하고 있기도 했다.

이전 시대를 철저하게 부정하고 새로 태어난 근대 사상가들이 기획한 장밋빛 꿈, 이것을 지성사에서는 '근대의 기획', 또는 '계몽의 기획'이라고 부른다. 그들은 계몽의 시대에 학문의 진리와 역사의 진보, 그리고 인류의 발전을 한 치도 의심하지 않았다. 이러한 그들의 믿음에 더 확신을 준 것은 근대 과학의 눈부신 발전이었다. '과학 혁명'은 코페르니쿠스가 뒤집은 천체 운동에 관한 지동설에서 결정적 계기를 마련했고, 갈릴레이와 뉴턴에 이르러 근대 과학은 우리를 진리의 길로 인도하는 학문의 모범으로서 확고한 지위를 얻었다.

자연에 대한 원리를 발견한 근대 사상가들은 인간과 사회를 구성하는 원리를 발견할 수 있다고 믿었다. 홉스와 로크, 그리고 루소가 근대 사회의 구성 원리로 사회 계약론을 세운 것도 이러한 믿음에서 비롯된 것이고, 스미스가 국가의 부에 대한 정치 경제학적 원리를 논한 것도 이러한 맥락에서 비롯된 것이다. 근대적 의미의 정치학과 경제학, 그리고 사회학은 계몽의 시대에 탄생했다. 3장 근대 편에서 마키아벨리 정치학을 통해 정치 질서의 원리를 바라보는 눈을 조망한 것도, 로크의 사회 계약 이론을 통해서 정치 질서의 개혁 논리를 살펴본 것도 바로 이 때문이다.

이러한 근대의 기획은 지금 우리가 살고 있는 사회에 그대로 남아 있다. 정치적 질서로서의 공화정과 민주주의 제도, 경제적 질서로서의 시장 경제, 그리고 과학과 학문을 통한 인류의 발전은 바로 근대의 설계자들이 세운 그림이기도 하다.

물론 우리가 살고 있는 사회는 근대 기획자들이 꿈꾼 장밋빛 그림만 있지는 않다. 거기에는 아마도 근대 기획자들이 미처 생각하지 못했던 어두운 그림자도 포함되어 있다. 그 빛과 그림자를 함께 고려하면서 근대 철학자들의 생각을 살펴보면 읽는 맛이 더 깊어질 것이다.

마키아벨리

정치와 도덕의 영역은 다른가?

홍성기

　르네상스는 중부 이탈리아의 도시 피렌체에서 시작되었다. 피렌체는 서양 미술사의 두 명의 천재, 미켈란젤로와 다빈치가 조각과 회화에서 미술의 본령에 대한 논쟁을 벌이며 그 자취를 남긴 도시다. 이들을 지원했고 동시에 피렌체의 지배 가문이었던 메디치가가 집정하던 건물 우피치(영어로 Office)는 가문이 소장한 미술품을 전시하는 미술관이 되었다. 우피치는 르네상스 시대의 대표적 미술가인 조르조 바사리(Giorgio Vasari)가 설계한 것이다. 이처럼 한국의 기준으로 볼 때 조그마한 도시인 피렌체에는 발길 가는 곳마다 르네상스 시대의 뛰어난 회화와 조각 그리고 건축으로 가득 차 있다. 그러나 피렌체가 메디치가의 후원으로 시작된 르네상스 미술의 중심 도시로만 남아 있는 것이 아니다. 정치사상에서 근대를 열었다고 평가되는 니콜로 마키아벨리(Niccoló Machiavelli, 1469~1527) 역시 메디치가와 굴곡 많은 관계를 맺으면서 서구 사상사에 전무후무한 하드보일드 정치 공학 필독서《군주론》을 남겼다.

> 사람들을 잘 대우하던지 아니면 아예 철저하게 망가뜨려야 한다.
> 왜냐하면 조그마한 상처를 입으면 복수를 할 수 있지만,
> 극심한 상처를 받으면 복수를 할 수 없기 때문이다. 따라서 사람들에게 상처를
> 입히려면 복수를 걱정할 필요가 없을 정도로 혹독해야 한다.
> - 《군주론》 3장에서

위의 인용문에서 볼 수 있듯이 《군주론》은 명확하고 간결한 언어로 쓰여 그 뜻을 이해하는 데에 전혀 어려움이 없다. 그러나 1513년에 쓰이고 마키아벨리의 사후에 출판된 이 책에 대해서는 극과 극으로 다른 해석들이 존재한다. 아마도 서양 사상사에 이름을 남긴 철학자치고 마키아벨리의 《군주론》에 대해 자신의 의견을 말하지 않은 사람은 없는 것 같다. 영국 태생의 철학자 이샤 벌린(Isaiah Berlin)의 뛰어난 에세이 《마키아벨리에 대한 질문》에 소개된 기존의 해석들 중 몇몇을 열거하면 다음과 같다.

스피노자는 마키아벨리의 저서를 폭군 정치에 대한 경고로서 일종의 풍자로 해석했다. 독일의 철학자 피히테는 《군주론》을 실제 역사를

움직이는 힘을 성찰하면서 기독교적 윤리를 공격하기 위한 반(反)기독교적인 문헌으로 해석했으며, 그와 다르게 마키아벨리를 기독교도로 간주한 학자도 있다. 이탈리아의 철학자 크로체는 마키아벨리를 정치 영역에서 목적을 달성하기 위해서는 어쩔 수 없이 '악'을 사용할 수밖에 없다는 점을 직시한 '분노한 휴머니스트'로 간주했으며, 반면 스위스의 몇몇 해석자들은 '평화를 사랑하는 휴머니스트'로 간주했다. 독일의 철학자 카시러는 마키아벨리를 윤리적으로 중립적인 차가운 정치 공학자로, 헤겔은 몇몇 지엽적 원칙을 넘어서서 혼돈에 빠지기 쉬운 사회의 요소들을 합해서 하나의 전체를 만들려고 했던 천재로 보았다. 베이컨에게 마키아벨리는 이상 사회에 대한 환상을 버린 '울트라 현실주의'였고, 공산주의 이상 사회를 꿈꾸던 마르크스, 엥겔스에게는 '쁘띠 부르조아지'의 껍데기를 벗어 버린 '계몽주의의 거목'이었다.

일반인들에게 마키아벨리즘이란 '목적을 위해서는 어떠한 수단도 정당화된다.'는 말로 요약되지만, 서양의 철학자들이 짧고 명확하게 쓰인 《군주론》에 대해 이처럼 다양하고 상이한 해석들을 내 놓는 이유는 도대체 무엇일까? 그 이유는 비교적 명확하게 추적할 수 있다.

서양 사회에서 가장 중심이 되는 행위 규범은 기독교 윤리라고 할 수 있다. 설사 기독교 윤리의 전문가가 아니더라도 "이웃을 사랑하라!"는 가르침 하나만을 따르더라도 마키아벨리의 주장은 쉽게 받아들이기 어렵다. 마키아벨리를 읽는 독자들의 내면에는 서로 다른 행위 규범들이 충돌하기 마련이다. 그런데 철학자들의 경우엔 규범을 받아들이기 이전 규범의 정당성을 질문하고, 이때 서로 충돌하는 규범들을 통일적으로, 혹은 여러 단계를 설정하여 혹은 여러 영역으로 구분하여 해석하려는 경향을 갖고 있기 때문이다. 예를 들어 다음의 구절을 살펴보자.

사랑의 대상과 공포의 대상이 되는 것 중에서 어떤 쪽이 더 바람직할까?
어쩌면 우리는 양자 모두가 바람직하다고 대답할지도 모른다.
그러나 사랑과 공포는 동시에 존재하기 어려우므로 만일 이 둘 중에서
하나를 선택해야 한다면, 사랑받는 것보다 공포의 대상이 되는 것이 훨씬 안전하다.
- 《군주론》 3장에서

'마키아벨리의 문제'를 해결하는 가장 손쉬운 방법은 정치의 영역과 도덕의 영역을 구별하는 것이다. 마치 뛰어난 예술 작품을 창조하는 것이 목적인 예술가들이 상식적 도덕으로부터 벗어나려는 경향이 있듯이, 번영하는 강한 국가를 창조하는 것이 목적인 정치가들 역시 상식적 도덕으로부터 벗어나야 한다는 주장이다. 즉, 정치와 도덕은 서로 독립적인 두 개의 영역이라는 것이다. 그러나 마키아벨리의 정치 공학적 주장이나 기독교의 가르침 모두 '~해야 한다'로 표현된다는

점에서 행위 규범들이다. 여기서 혹자는 윤리적 규범은 내면의 명령이고, 마키아벨리의 주장은 특정한 목적을 이루기 위해 필요한 일종의 '작전술'로 간주하여 양자를 구별할 수 있다고 볼지도 모른다. 그러나 이 논쟁은 윤리적 원칙이 '조건적인 목적 지향성(공리주의)'에 있는지 아니면 칸트식의 '무조건적 도덕성(근본주의)'에 있는지에 대한 논란이 근본주의로 해결되었음을 전제하고 있다. 특히 정치의 목적이 번영하는 국가와 국민의 복리 증진에 있다면, 이러한 목적을 수행해야 하는 책임감과 결부된 통치 행위 규범을 윤리와 무관하다고 보는 것은 설득력이 없다. 이샤 벌린이 정확히 지적했듯이, 마키아벨리의 주장과 기독교 윤리의 충돌은 윤리들 간의 충돌인 것이다.

여기서 마키아벨리적 '사회의 윤리'와 기독교의 혹은 상식적인 '개인의 윤리'가 서로 상이하다는 생각이 드는 것은 어떤 점에서 이해할 수 있다. 이때 우리는 마키아벨리를 여러 개의 도시 국가로 분열되어 상쟁(相爭)하던 조국 이탈리아의 후진성을 극복하기 위한 냉정한 현실주의자, 혹은 '국가 이성(raison d'État, Staatsraison)'을 개인의 윤리보다 우선시한 근대적 정치 사상가로 볼 수 있을 것이다.

심지어 헤겔은 이 점을 역사 일반의 차원으로 높여 생각했다. "역사의 진행은 덕(德), 악(惡) 그리고 정의(正義) 밖에 서 있다." 물론 여기서 '덕', '악', '정의'란 사회 차원이 아니라 개인 차원의 이야기다. 그러나 사회의 윤리와 개인의 윤리 사이에 놓여 있다고 보이는 깊은 심연

(深淵)은 사회의 구성원이 개인이라는 점에서, 그리고 개인 역시 근본적으로 사회 내의 관계 속에서만 존재한다는 점에서 생각만큼 쉽게 이해할 수 없다.

즉, 윤리란 본질적으로 사람들 사이의 관계를 정의하는 만큼 크던 작던 항상 사회의 존재를 전제한다. 차라리 우리는 이미 세워진 사회 속의 개인(일반 시민)의 행동 방식과 사회를 처음으로 세우고 유지하려는 개인(군주)의 행동 방식의 차이를 성찰하는 것이 더 적절할지도 모른다.

마키아벨리는 강력한 국가를 위해 군주가 지켜야 할 덕목들을 설명했다. 그림은 르네상스 시대의 화가 베노초 고촐리가 그린 〈동방박사의 행렬〉.

> 공화국을 만들고 법을 세우려는 사람들은 반드시, 모든 사람은 악하며,
> 기회만 있으면 항상 악한 마음을 사용하려 한다는 것을 가정해야 한다.
> 인간은 필요하지 않으면 결코 선행을 하지 않는다.
> 그러나 하고 싶은 것을 마음대로 할 수 있다면 혼돈과 혼란이 만연하게 된다.
> - 《로마사 논고》 1권 3장에서

마키아벨리에게 인간은 본질적으로 이기심에 가득 찬 개인들이다. 때때로 선한 행위를 한다 하더라도 그것은 일시적이며, 긴 시간을 두고 볼 때 인간의 마음은 결코 선하지 않다는 것이 증명된다고 그는 주장한다. 특히 권력을 지향하는 정치가들이 욕심을 버린다는 것은 '권력욕 없이 권력을 추구한다.'는 주장처럼 자기모순을 의미할 뿐이다. 아마도 공화주의자 마키아벨리는 한 사회를 누가 어떻게 설계해야만 하느냐는 질문에 정답은 없다고 본 것 같다. 바꿔 말해 특정한 군주가 특정한 정치 체제를 선택해야만 하는 필연성은 없으며, 바로 그런 이유로 군주는 항상 도전에 직면할 수밖에 없다. 이때 결정은 합리적 대화가 아니라 힘과 권력의 무자비한 사용을 통해 이루어지고, 이처럼 선택의 여지를 없애야 그가 세운 사회가 안정될 수 있다고 보았다. 마치 수학적 공리(公理) 체계에서 공리 자체는 더 이상 증명될 수 없고, 그런 점에서 자명성(自明性)을 전제했던 것과 흡사하다. 나의 군주가 이런

정치 체제에서 이러한 방식으로 통치하는 것을 나는 의심의 여지없이 자명하게, 즉 당연하게 보아야 한다는 것이다.

국가 이성이 개인의 윤리보다 우선하는가?
군주는 정치 체제 선택을 위해 폭력을 써야 하는가?

일반 사회보다는 정치권에서 마키아벨리즘이 더 일상적이라는 사실에는 분명 이유가 있다. 합리적 대화가 아니라 힘에 의해 권력 구조가 결정된다는 것, 즉 '나는 너에게 복종을 요구해도 너는 나에게 복종을 요구할 수 없다.'는 권력 원칙의 가장 큰 특징은 그 '비대칭성'에 있다. 다른 한편, 모든 사회의 일반 구성원들 사이에 통용되는 기본적 윤리의 가장 큰 특징은 항상 '대칭성'에 있다.

'비대칭성'은 구교나 개신교의 십계명을 보면 쉽게 알 수 있다. 십계명 중 앞의 세 개 혹은 네 개의 계율은 다른 종교 선택의 여지가 없다는 믿음의 정초에 해당하므로 비대칭적 계율이다. 즉, 다른 종교에서도 자신의 종교만을 믿을 것을 요구할 때 그 선택에 합리적 대화가 존재하기 힘들다. 다른 한편 나머지 계율인 "살인하지 말라.", "간음하지 말라.", "거짓말하지 말라.", "도적질하지 말라." 등은 대칭적이며, 이 계율의 정당성은 합리적인 대화를 통해서 쉽게 확인할 수 있다.

내가 너에게 거짓말을 하는 것이 허용된다면, 당연히 너도 나에게 거짓말을 할 수 있고, 거짓말이 횡행하는 사회는 유지될 수 없다는 점에서 '거짓말 금지'는 합리적 대화가 가능한 대칭적 윤리 규범이다.

이쯤해서 과거 동북아시아에 통치 이념을 제공했던 유가(儒家)의 정치사상과 마키아벨리의 정치 공학을 비교해 보는 것도 '마키아벨리의 문제'를 이해하는 데에 도움이 될 것 같다. 유가는 모든 인간이 인의예지(仁義禮智)라는 네 개의 단서(四端)를 하늘로부터 부여 받았으며 그런 점에서 누구나 선(善)한 본성을 갖고 있다고 보았다. 다만 구름이 해를 가리듯, 인간의 욕심이 이 선한 본성을 가려서 사회의 혼란이 야기된다고 주장한다. 따라서 통치의 기본도 백성으로 하여금 욕심을 버리고 자신의 본성으로 돌아가도록 만드는 데에 있다. 그러나 한국의 역사를 돌이켜 볼 때, 모든 왕조는 대규모 폭력을 통해서 수립되었다. 그런 점에서 유가의 전통적 윤리인 삼강오륜(三綱五倫)은 이미 세워진 정치 체제 안에서의 윤리라고 간주할 수도 있다. 그런 점에서 마키아벨리의 정치 공학이 결코 서양의 폭군 정치를 합리화하는 데에만 국한되었다고 말하기는 힘들다. 심지어 현대 사회의 구석구석에서도 마키아벨리즘은 크던 작던 여러 형태로 끊임없이 사용되고 있다고 보는 것이 사실에 더 가깝다.

그럼에도 불구하고 어떤 체제를 처음 세울 때 마키아벨리즘의 사용이 불가피하다는 주장이 과연 정당한지에 대한 질문은 아직 끝난 것이 아니다.

왜냐하면 모든 체제의 기초에 불가피하다고 보이는 자의성은 설사 그것이 특정한 목적을 달성하기 위한 수단이더라도, 다른 체제로의 대체 가능성이 존재할 경우, 정당성의 반대 개념이기 때문이다.

과연 체제 수립과 관련한 '마키아벨리의 문제'를 그 어떤 종류의 폭력도 사용하지 않고 해결할 수 있는 방법은 없을까?

Francis Bacon

"프랜시스 베이컨"

근대 경험론의 선구자

송 하 석

대부분의 역사가들은 서양의 지성사에서 가장 중요한 사건을 기독교의 등장이라는 데 동의한다. 그리고 그들은 또 기독교 등장 이후 가장 중요한 사건으로 16세기부터 시작된 근대 과학 혁명을 꼽는 데 주저하지 않는다. 근대 과학 혁명과 함께 기계론적 세계관이 등장함으로써, 당시까지 정통 철학으로 받아들여지던 중세기의 스콜라 철학은 위기를 맞게 된다. 그런 상황에서 17세기 근대 철학은 중세기와는 단절된 새로운 모습을 띄게 된다. 이렇게 근대를 이전 시대와 단절된 새로운 세기로 만든 근대 과학 혁명에 중요한 기여를 한 철학자가 있었으니, 그가 바로 영국의 프랜시스 베이컨(Francis Bacon, 1561~1626)이다.

과학자가 아닌 베이컨
과학의 새로운 방법론을 제안하다

사실 베이컨은 과학자도 아니었고, 과학의 후원자도 아니었다. 그럼에도 그가 과학 혁명에 기여했다고 하는 것은 바로 그가 제안한 과학의 새로운 방법론 때문이다. 그는 어린 시절부터 모든 학문 분야에 관심을 가지고 있었지만, 자신이 받은 교육, 특히 캠브리지 대학에서 받은 스콜라 철학과 그것에 근거한 학문은 모두 무용지물이라고 판단했다. 그는 과학적 방법을 개혁하는 것만이 모든 학문을 개선할 수 있는 길이라고 믿고, 과학의 새로운 방법을 제시하고자 노력했다.

베이컨의 삶의 대부분은 철학자라기보다는 법률가로서의 공적인 활동으로 채워졌다. 계속해서 높은 작위와 지위를 얻어 가며 사회적 명성을 쌓아 가던 그는 마침내 대법관의 지위까지 올라갔지만, 뇌물수수 혐의로 탄핵을 받고 모든 공직에서 물러났는데, 그때 그의 나이 60세가 되던 1621년이었다. 베이컨이 65세에 숨을 거두었으니까, 그가 죽기 5년 전까지 공인으로서의 삶을 살았고, 따라서 그의 삶의 대부분은 철학적 사유와 저술을 할 충분한 시간을 갖지 못했을 것이라고 짐작할 수 있다. 그렇지만 1605년에 발표한 《학문의 진보》, 1609년에 발표한 《고대의 지혜(De Sapienta Veterum)》라는 저술은 바쁜 공직 생활 중에서도, 새로운 학문의 방법론에 대한 그의 확신과 열정을 보여 주기 충분하다. 그는 《학문의 진보》에서 올바른 방법으로 추구된 학문의 가치를 강조하면서, 그러한 학문은 "인간의 정신을 개선시켜 주고 인격을 강하게 해주고, 국가와 시민을 고상하게 해주며, 또한 그것은 인간의 능력, 즐거움, 효용의 원천"이라고 말한다.

공직에서 물러난 후, 그는 학문의 올바른 방법론을 위한 거대한 기획을 하고 6부로 구성된 방대한 저술 《대개혁(Instauratio Magna)》을 구상한 후 집필에 들어간다. 이 거대한 기획은 과학의 새로운 방법론을 제시하고 그에 대한 철학적 토대를 제공하고자 한 것이었다.

베이컨은 지식의 탐구와 적용이 효과를 거두려면, 수많은 과학 전문가들이 협력해야 한다는 것을 알고 있었기 때문에 《대개혁》의 모든 부분을 자신이 집필할 계획은 아니었다. 다만 자신이 중요한 부분과 각 부의 머리말과 서문을 쓸 계획이었다.

《대개혁》의 1부는 학문의 구분, 2부는 자연의 해석에 관한 방향을 제시하는 학문의 방법론, 3부는 우주의 현상과 철학의 토대를 위한 자연사와 실험의 역사, 4부는 자연사의 방법론과 철학의 방법론 사이의 관계에 대한 탐구인 지성의 사다리, 5부는 새로운 철학에 대한 기대, 선구자 그리고 6부는 새로운 철학, 능동적인 철학으로 되어 있다. 그러나 그 기획은 1부와 2부 외에는 완성되지 못한 채 끝나고 말았다.

베이컨이 제시한 학문의 분류
전통적인 의미와 다른 형이상학

이제 우리는 베이컨의 《대개혁》의 1부와 2부를 중심으로 그가 제시한 과학의 새로운 방법론에 대해 살펴보기로 하자. 베이컨은 과학의 방법론을 제시하기에 앞서, 《대개혁》의 1부에서는 학문의 분류에 대해서 장황하게 설명한다. 그리고 이 부분은 그가 1605년에 발표한 《학문의 진보》를 수정·보완하여 훗날 《학문의 진보(De Augmentis Scientiarum)》로 발표된다. 그가 학문의 분류를 먼저 시작한 이유는 우리가 추구하는 학문이 인간의 어떤 이성적 능력과 관련이 있는가를 살펴봄으로써, 학문에 적합한 방법론을 제시할 수 있다고 믿었기 때문이다. 그래서 그가 학문을 분류하는 첫 번째 기준은 신에 의해서 드러난 진리를 추구하는 학문인가, 인간의 능력에 의해서 발견되는 진리를 추구하는 학문인가다. 두 번째 기준은 인간의 능력의 여러 가지 특징에 따라서 학문을 구분한다. 합리적인 인간 정신은 기억력, 상상력, 추리력이라는 세 가지 능력을 가지고 있는데, 그에 따라 인간이 갖는 학문은 역사, 시, 철학이라고 말한다. 즉, 역사는 인간의 기억이라는 능력의 산물이고, 시는 상상력, 철학은 추리력의 산물이라는 것이다. 그리고 자연에 관한 지식을 다루는 학문을 자연사와 자연 철학으로 구분하고,

다시 자연 철학은 사변적(speculative) 학문과 조작적(operative) 학문으로 구분한다. 그런데 여기서 '사변적'이란, 일반적으로 이해되는 것처럼 관념적이라는 뜻으로 이해되어서는 안 된다. 베이컨은 '사변적인 학문'을 관찰을 통해서 원인에 대해 탐구하는 학문이라는 뜻으로 사용하고, 그와 구별되는 '조작적 학문'은 사변적 학문을 통해서 얻게 된 자연에 대한 이해를 토대로 새로운 무엇인가를 생산해 내는 학문, 결과를 산출하는 학문이라는 의미로 사용한다. 그래서 베이컨은 물리학과 형이상학을 사변적 학문으로, 역학 등을 조작적 학문으로 구분한다.

여기서 또 중요한 것은 베이컨이 형이상학을 전통적인 의미로 사용하고 있지 않다는 것이다. 그는 올바른 형이상학은 스콜라 철학의 초월적이고 관념적인 형이상학이 아니라, 물리학과 함께 자연 현상의 원인을 밝히는 학문이어야 한다고 보았던 것이다. 그래서 물리학이 구체적인 대상으로서 세계의 피조물에 대한 탐구와, 인력이나 열과 같은 자연에 퍼져 있는 현상에 대한 탐구를 통해서 자연 현상의 원인을 탐구하는 학문이고, 형이상학은 자연의 형상(forms)에 관한 학문이다. 베이컨의 '자연의 형상'이란 자연의 배후에 있는 일반적 원리로서 항상적이고(constant) 보편적인(universal) 자연의 법칙을 뜻한다고 이해할 수 있다. 그러니까 물리학이 구체적이고 개별적인 사건이나 현상의 원리를 탐구한다면, 형이상학은 항상적이고 보편적인 자연의 법칙을 탐구하는 학문이라는 뜻이다. 베이컨은 "이끼를 떼거나 아직 덜 영근 곡식을 거두려고 덤비지 말고 추수의 때를 기다리라."고 경고하는데, 그 이유는 일단 올바른 공리(公理)가 발견된 후에는 그 공리는 연구를 전체적으로 이끌어 가는 동시에 산발적인 열매를 맺는 것이 아니라 한꺼번에 많은 열매를 맺기 때문이라는 것이다. 연구를 전체적으로 이끌어서 풍부한 열매를 맺게 해주는 공리, 즉 원리에 대한 탐구가 바로 형이상학이라고 할 때 베이컨이 형이상학의 중요성을 강조한 까닭을 이해할 수 있다.

올바른 과학의 방법이란?
항해사의 나침반

《대개혁》의 2부 작업은 그를 가장 유명하게 만든 《새로운 기관(Novum Organum)》을 통해서 이루어진다. 베이컨이 자신의 저서에 제목을 그렇게 붙인 것은, 아리스토텔레스를 염두에 둔 것이 분명하다. 아리스토텔레스의 논리학 저서에 붙여진 제목이 바로 《기관(Organon)》이었다. 베이컨은 아리스토텔레스의 삼단논법을 중심으로 한 연역 논리학에 대해 쓸데없고 싱거운 사설이라고 폄하했다. 그리고 새로운 학문의 방법론을 제시한다는 의미에서 자신의 저서에 "새로운 기관"이라는 이름을 붙인 것이다. 그런 뜻에서 그는 "역사와 자료의 수집은 체계적으로 정리되어, 궁극적으로 모든 자연 현상을 포괄하는 질서 있는 공리 체계를 세우는 데 사용되어야 한다."라고 말한다. 나아가서 단순히 관계없는 사실들만 수집하고, 결론도 이끌어 내지 못하는 당시의 경험 철학을 비판했다. 이렇게 그는 당시의 모든 학문과 그 방법론을 비판하고 자신의 방법론의 유용성을 설명하기 위해 '거미-개미-꿀벌'의 비유를 제시한다. 즉, 독단적인 추리와 관념적인 교리만을 강조하거나 연역적 사유 방식에만 머물러 있는 사람들은 자기 자신 속에 있는 것을 풀어서 집을 짓는 거미와 같고, 유용한 결론을 제시하지 못하고 관찰과 실험의 결과만을 수집하는 과학자들은 개미와 같다. 그러나 꿀벌은 들에 핀 꽃에서 재료를 모아 자신의 힘으로 변화시키고 소화시켜서 유용한 꿀을 생산해 내는 것처럼, 참된 학문은 이성의 힘에만 의존하지도 않는다. 또한 박물학(博物學)처럼 실험 사실만을 수집하여 나열하는 것이 아니라 그것을 변화시키고 소화시켜 자연을 이해하는 힘을 얻어 내는 것이다. 그래서 그는 올바른 과학의 방법을 '항해사의 나침반'에 비유하기도 한다.

그렇다면 과학의 바다에서 항해하기 위해 필요한 과학자의 나침반은 무엇일까? 베이컨은 실험과 관찰을 통해서 확고하고 유용한 지식을 얻기 위해 두 가지를 제시한다. 첫 번째는 기존의 편견을 제거하는 것이고, 두 번째는 자연의 원리를 발견하기 위해 귀납적 방법(과학적 방법으로 실험과 관찰에서 얻은 사실로부터 일반적인 원리를 찾는 방법)을 사용하는 것이 바로 그것이다.

베이컨이 보기에 당시까지의 학문은 현학과 권위에 지나치게 얽매여 학자의 자만과 인간 사고의 함정, 신비주의에 빠져 있었다. 그래서 그는 무엇보다 과거의 학문이 빠져 있는 옳지 않은 전통과의 단절이 중요하다고 여겼다. 여기서 나온 것이 유명한 "마음의 우상"이라고 불리는 인간 사고의 함정에 대한 파괴다.

베이컨이 말하는 4가지 우상의 첫 번째는 종족의 우상이다. 베이컨은 18세기 경험론자들과 달리 인간은 백지 상태(tabula rasa)로 태어난다고 믿지 않았다. 베이컨에 따르면, 인간의 마음은 세계에 대한 이미지를 있는 그대로 반영할 수 있는 이상적인 평면이 아니라 왜곡된 거울과 같다. 그래서 왜곡된 거울에 비친 상(像)을 그대로 받아들일 경우 우리는 세계에 대한 잘못된 인식을 가질 수밖에 없게 된다. 이렇게 잘못된 개념의 기원이 되는 인간 본성을 종족의 우상이라고 부르고, 이를 제거해야 할 첫 번째 우상이라고 한다. 그러니까 감정 과잉이나 의지박약으로 인한 잘못된 판단, 복잡한 것보다는 단순함을 좋아하는 본성 때문에 발생하는 모든 오류들이 바로 그러한 우상의 예다. 다음은 각 개인의 특수성 때문에 생기는 오류로 그는 이것을 '동굴의 우상'이라고 불렀다. 모든 사람은 자신만의 고유한 동굴, 즉 검증되지 않은 주관적인 신념이나 선입견을 가지고 있어서 객관적인 진리에 도달하는 데

방해를 받을 수 있는데, 이것이 바로 동굴의 우상이라는 것이다. 세 번째 우상은 시장의 우상이다. 이는 우리가 사용하는 언어가 실재를 충실하게 반영하지 못한다는 사실을 깨닫지 못하고 잘못된 단어의 조합으로 생긴 개념에 대응하는 실재가 있다고 생각하여 공론(空論)에 빠지는 것을 말한다. 끝으로 극장의 우상이 있다. 이것은 사람의 판단을 흐리게 하고 당파적으로 만드는 역사적 전통이나 권위에 대한 맹목적인 추종을 가리킨다.

"일반적으로 받아들여지고 있는 체계들은 모두 무대 연극에 불과하며 사실과는 관계없이 연극으로 꾸며진 작가의 창작일 뿐"이라는 베이컨의 지적에서 알 수 있듯이, 극장의 우상에 빠진 대표적인 예는 종교적 미신이나 신학이 인간의 판단에 미치는 옳지 않은 영향과 같은 것이다.

요컨대 《새로운 기관》에서 베이컨이 한 첫 번째 작업은 전통이나 선입견, 대중의 믿음을 반성 없이 받아들이는 태도에 대해서 비판하는 것이었다. 그래서 그는 "선입견조차도 세상 사람들의 동의를 얻어내는 데는 충분한 힘을 지니고 있다. 사람들이 똑같이 미쳐 있을 경우에도 상호 간에 쉽게 의견 일치를 볼 수 있다."라고 비판하고, 또 "대중이 찬성하고 갈채를 보내면, 돌이켜 자기에게 오류나 과실이 없는지를 즉시 살펴보아야 한다."라고 경고하고 있는 것이다.

베이컨이 제안한 귀납법
실험과 관찰을 통해 원리와 법칙을 발견

인간 정신이 일반적으로 갖는 오류를 드러내어 그것을 극복하는 방안을 제시한 후, 베이컨은 과학적 증명을 위한 자신의 고유한 방법으로써 귀납법을 제안한다.

베이컨이 제안한 귀납법은 오늘날 추론의 한 형태로서 귀납의 일종이라고 할 수는 있겠지만, 실험과 관찰을 통해서 어떤 원리와 법칙을 발견하기 위한 좀 더 구체적인 방안이라고 할 수 있다. 베이컨은 열의 성질에 관한 탐구를 예로 들어서 자신이 제안하는 귀납법을 설명한다. 먼저 우리는 열의 존재표(table of presence)와 열의 부재표(table of absence)를 만들고, 그 다음에는 조건의 변화에 따라 여러 가지 정도로 열이 발견되는 목록인 정도표(table of comparison)를 만든다. 그러한 목록에 의해서 베이컨은 열이란 중심에서 주변부로 퍼지고 위로 올라가는 성질을 지닌 운동이라는 결론을 내린다. 물론 베이컨이 예로 제시한 열에 대한 설명은 여러 가지 면에서 적절하지 않다. 그러나 그가 세 가지 목록을 만들고 그로부터 일반적인 원리를 도출해 내고자 하는 시도는 후일 귀납적 추론의 기준으로 발전할 만한 것이었다고 평가할 수 있다. 그리고 더욱 주목할 만한 것은 목록을 작성하기 위해서 행하는 실험과 관찰에 대한 그의 주도면밀함이다. 그는 과학을 자연에 대한 수동적인 관찰이 아니라고 주장하면서, 우리가 행해야 하는 실험은, 자연의 원리를 밝히기 위한 빛을 밝혀 주는(light-bearing) 실험이어야 하고, 또 원리가 작동하여 생산적인 결과를 낼 수 있는, 열매를 맺는(fruit-bearing) 실험이어야 한다고 주장한다.

베이컨이 공직에서 물러난 후인, 그의 60대의 삶은 저술과 실험으로 채워졌다. 비록 그가 한 실험들이 현대적 관점에서 보면, 자신이 비판했던 것처럼 서로 연관이 없는 무익한 것이었을지라도, 그의 연구에는 과학적 방법의 개선을 위한 열정이 그대로 묻어 있다. 그는 오랜 연구 주제인 열에 대한 관심으로, 냉각이 음식물 부패와 보존에 어떠한 관련성을 갖는지를 연구하기 위해 아주 추운 날, 닭의 몸에 눈을 채워서 관찰하는 실험을 하다가 폐렴에 걸려 결국 죽음에 이르게 된다.

그는 철저한 과학자도 아니었고, 그렇다고 과학자의 작업을 적극적으로 지원한 것도 아니었다. 따라서 그는 과학사에 남을 어떤 과학적 업적도 남기지는 못했다. 그러나 전통을 극복할 새로운 학문이 필요하다는 인식과 함께 그러한 학문의 방법과 철학적 토대를 제공하기 위한 그의 노력은 평가 받을 만한 것임에 분명하다. 그는 말년에 자신의 철학적 이상을 담은 《새로운 아틀란티스》라는 책을 저술했다. 거기에서 그는 자신의 철학적 이상이 실현된 이상향으로 아틀란티스를 그리는데, 그곳에는 "솔로몬의 집"이라는 실험 연구소가 있다. 그는 그 연구

소의 목적을 "사물의 원인과 보이지 않는 운동을 밝히는 것이며 또 모든 가능한 일을 성취하기까지 인간 제국의 국경을 넓히는 것"이라고 밝히고 있다. 여기서 우리는 다시 한 번 그의 과학적 진보에 대한 기대와 그로인한 인간 생활의 개선을 꿈꾸는 그의 열정을 읽을 수 있다. 그런 의미에서 과학사에서 베이컨의 위치는, 그의 자연 철학과 과학적 방법론에 대한 철학이 17세기와 그 이후의 과학과 철학에 어떤 영향을 미쳤는지에 따라 평가되어야 할 것이다.

Descartes

"데카르트"

철학의 절대적 제1 원리는?

박일호

기독교 신학과 아리스토텔레스 철학. 중세 철학을 만들고 발전시킨 것은 바로 이 둘이다. 이들 사이의 부조화를 발견하고 해결하여 조화롭게 만드는 것이 중세 신학자들과 철학자들에게 있어 가장 중요한 목표였다. 여기서 '가장 중요한 목표'라는 것은 한 가지를 전제한다. 그것은 기독교 신학과 아리스토텔레스 철학 그 어떤 것도 버릴 수 없다는 것이다. 다른 말로, 중세 학자들에게 이 둘은 의심할 수 없고 거부할 수 없는 진리, 즉 도그마(dogma)였다.

그러나 종교 개혁과 르네상스를 거치면서, 기독교 신학과 아리스토텔레스 철학의 확고부동한 지위는 점차 흔들리게 된다. 성경 해석에 있어 문제가 발생했을 때, 신학적 권위를 가지고 해결책을 제시했던 로마 교황청은 1517년 교황청의 면죄부 판매를 공격한 루터 이후 그 지위를 유지할 수 없게 되었다. 르네상스 시대 새롭게 알려지기 시작했던 다양한 그리스 철학자들의 글은 아리스토텔레스 철학의 독자적 지위를 위협했다. 다양한 그리스 철학자들의 글들로부터 우주와 인간에 대한 다른 생각들이 가능하다는 것을 알게 되었고, 이런 생각들이 하나로 통일될 수 없다는 것도 점차 받아들여지고 있었다. 도그마의 위기! 이것이 15, 16세기 유럽의 지적인 분위기였다.

진리에 대한 회의주의에 맞서
절대적 지식에 도달할 수 있다고 생각한 데카르트

도그마의 위기는 회의주의(skepticism)를 낳는다. 여기서 회의주의란 절대적 진리, 의심할 수 없는 진리에 대한 회의를 말한다. 인간은 자신의 지적 능력을 이용해 절대적 진리에 도달할 수 없으며, 나아가 절대적 진리가 있는지조차 알 수가 없다. 인간의 감각 경험은 불완전하다. 자라를 보고 놀란 당신은 솥뚜껑을 보고 놀라기도 한다. 설사 당신이 그런 착각을 일으키지 않는다고 하더라도, 감각 경험 그 자체는 세계에 대해서는 아무것도 말해 주지 않는다.

당신은 지금 책을 보고 있지만, 실제로 당신 앞에 책이 있는지 그렇지 않은지 알 수 없다. 당신은 매트릭스 안에 갇혀 전기를 만들기 위해 끊임없는 감각적 자극을 받고 있을 수도 있다. 당신이 보고 있는 책이 실제로 있다고 생각할 수 있다. 하지만, 그와 다르게 실제로 책이 있는 것은 아니며 단지 매트릭스로부터 전달된 전기 신호를 받고 있다고 생각할 수도 있다. 이렇듯 감각 경험만으로는 이 세계가 매트릭스의 세계인지 그렇지 않은지 결정할 수 없다. 파란 알약과 빨간 알약 중에서 하나를 선택하기 위해서는 감각 경험을 넘어서는 무언가가 필요하다. 물론 이런 감각 경험에 대한 회의는 인간의 다른 지적 능력으로 확장될 수 있다.

몽테뉴(Montaigne, 1533~1592)는 대표적인 16세기 회의주의자다. 당시 새롭게 발견된 퓌론주의[Pyrrhonism, 기원전 1세기경에 만들어진 학설이며, 이것의 존재는 섹스투스 엠피리쿠스(Sextus Empiricus)의 기록에 의해 알려졌다. 기원전 3세기 말경에 살았던 퓌론(Pyrrho)의 이름을 딴 것으로, 퓌론주의에 따르면 진리라고 생각할 만한 것은 아무것도 없으며, 설령 그런 것이 있다고 하더라도 과연 그것이 진리인지 확인할 길이 없다는 것이대에 경도된 사상가들은 절대적 진리에 도달하기에는 인간의 지적 능력은 불완전하다고 강변한다. 이 회의주의자들을 어떻게 할 것인가? 회의주의는 극복할 필요가 있는가? 만약 그렇다면 어떻게 극복할 것인가? 우선, 회의주의는 극복되어야 하는가? 우리는 다양한 과학 기술들을 유용하게 사용한다. 이런 유용한 과학 기술들은 다양한 감각 경험들을 바탕으로 만들어진 것이다. 만약 감각 경험들을 신뢰할 수 없다면 우리는 그것을 바탕으로 만들어진 다양한 과학 기술들을 신뢰할 수 없다. 그러므로 철저한 회의주의자들은 과학 기술들을 신뢰할 수 없으며, 따라서 과학 기술의 유용성

같은 것도 설명할 수 없다. 이것은 문제다. 특히 과학 혁명 이후의 철학자와 과학자들에게는 더욱 그러하다. 그들은 과학에 의해서 사회는 풍요로워지고 인류는 진보할 수 있으리라 믿었으며, 더 나아가 이것을 신이 그들에게 부여한 중요한 사명으로 여기기도 했다. 그런 사람들에게 지식의 확실성을 부정하는 회의주의는 당연히 극복해야 할 장애물이었다.

그럼 어떻게 회의주의를 극복할 것인가? 물론 다양한 방법이 있을 것이다. 인간은 절대적 진리를 획득할 수는 없지만 어느 정도 개연적인(확실하게 단정할 수는 없지만 대개 그럴 것이라고 생각되는) 진리는 획득할 수 있다는 온건한 주장을 생각해 볼 수 있다. 이런 주장은 회의주의자들의 주장을 받아들이면서 지식의 유용성을 설명하려는 시도라고 할 수 있다.

그럼 이와 달리 회의주의자들의 주장을 적극적으로 공격할 수 있는 방안은 없는가? 즉, 인류가 절대적 지식을 획득할 수 있다는 것을 보이거나, 혹은 그런 절대적 지식을 제시할 수 있는가? 이 일을 하려고 한 사람이 바로 데카르트다. 그는 회의주의에 맞서, 인간 지성은 절대 확실한 지식에 도달할 수 있다고 여겼으며 그런 절대적 지식을 제시한다. 그의 목표는 이성을 사용하여 철학적 진리, 즉 의심의 여지가 없는 절대적 진리에 도달하는 것이었다.

그는 어떻게 철학적 진리에 도달했나?
데카르트의 방법적 회의

데카르트(Descartes)는 1596년 프랑스의 투렌(Touraine)이라는 지역에서 태어났다. 성장한 이후 주로 네덜란드에서 활동했다. 말년에는 스웨덴에 있었는데, 그것은 그의 철학을 존경하던 스웨덴 여왕의 초청 때문이었다. 그리고 데카르트는 바로 이 스웨덴에서 1650년에 죽음을 맞이하게 된다. 평소 병약했던 데카르트는 아침 늦게까지 침대에 누워 있었다고 한다. 이렇게 늦잠을 자는 습관이 있던 데카르트에게 스웨덴의 여왕은 아침 수업을 요구했고 결국 이를 견디지 못한 데카르트는 더욱 병약해져 스웨덴에 간 지 반 년 만에 폐렴으로 죽게 된다.

데카르트는 근대 철학의 아버지로 불리며, 근대 철학의 두 기둥이었던 합리론(진정한 인식은 경험이 아닌, 선천적으로 타고난 이성에 의해 얻어진다고 하는 태도)과 경험론(인식의 바탕이 경험에 있다고 보아, 경험의 내용이 곧 인식의 내용이 된다는 이론) 중에서 합리론의 핵심 인물이기도 했다. 더불어 그는 과학자이자 수학자였으며, 독실한 기독교인이었다. 물론 그가 독실한 기독교인이었다고 말할 때 주의해야 한다. 그것은 토마스 아퀴나스가 독실한 기독교인이라는 것과 분명히 다르다. 아퀴나스가 훌륭한 철학자이긴 했으나 기본적으로 신학자였다면, 데카르트는 독실한 기독교인이

데카르트를 초청한 스웨덴의 크리스티나 여왕(왼쪽 끝)과 데카르트(오른쪽 끝).

긴 했으나 기본적으로 과학자이자 철학자였다.

이제 설명해 보자. 그는 어떻게 철학적 진리에 도달했으며 그렇게 해서 도달한 철학적 진리는 무엇인가? 회의주의자들과 마찬가지로 데카르트에게 있어서도 중요한 것은 회의, 즉 의심이었다. 그는 회의주의자들의 의심을 끝까지 그리고 철저하게 밀고 나가고자 했다. 만약 그런 의심이 성공적이라면, 그런 의심의 끝에서 더 이상 의심될 수 없는 무언가가 발견되리라고 기대했다. 이런 의심의 방법을 철학자들은 '방법적 회의'라고 한다. 의심에 의심을 거듭한 끝에 결코 의심될 수 없는 것을 찾으려는 것이다.

그럼 무엇을 의심하는가? 우리는 모든 개별적 지식들을 철저하고 완벽하게 의심할 수 있는가? 이런 의심은 끝나기 어려울 것이다. 왜냐하면 그 의심스러운 개별적인 지식들은 그 수가 무척 많고 또 다양하기 때문이다.

그렇다면 어떻게 해야 우리는 철저하고 완벽한 의심을 할 수 있는가? 한 가지 길은 그런 다양한 개별적 지식을 낳는 지적인 방법을 의심하는 것이다. 즉, 다양한 지식을 낳는다고 여겨지는 지적인 방법들이 과연 확실한 진리를 보장하는지 검토하는 것이다. 그럼 우리의 지식은 어떤 방법을 통해서 획득되는가? 아마도 첫 번째로 생각할 수 있는 것은 감각 경험을 통한 지식의 획득이다. 나는 경험을 통해서 내 앞에 있는 노란색 지폐가 5만 원 권이라는 것을 안다. 그러나 앞에서 언급했듯이 이런 감각 경험이라는 방법은 지식의 확실성을 보장하지 못한다. 우리는 착각했을 수 있다. 사실은 5천 원 권 지폐인데, 나의 기대와 희망이 5만 원 권 지폐로 착각하게 만든 것일 수도 있다. 더 나아가 데카르트는 감각 경험은 확실한 지식을 보장하지 않는다는 또 다른 논변도 제시한다. 그것은 바로 꿈의 가설이다. 나는 어제 비행기를 타고 하늘을 나는 꿈을 꾸었으며, 그 비행기 창문 너머로 해가 뜨는 모습을 보았다. 나는 꿈속에서도 무언가를 경험하고 무언가를 본다. 즉, 감각 경험은 꿈속에서도 가능하다는 것이다. 그렇다면 감각 경험만으로는 당신이 지금 보고 있는 태양이 실제로 있는 것인지, 단지 꿈속에 있는 것인지 구분하기 어렵다. 즉, 감각 경험은 우리에게 확실한 지식을 보장하지 않는다.

그런데 곰곰이 생각해 보면 꿈속이든 꿈밖이든 항상 성립하는 것도 있다. 가령, 2+3=5라는 것은 꿈이 아닌 세계에서도, 꿈에서도 참이다. 우리가 매트릭스 속에 갇혀 있다고 하더라도 여전히 2+3=5이고, 삼각형은 세 개의 변을 가진다. 꿈에서도 이런 지식이 성립한다는 사실은 우리가 이러한 수학적 지식들을 획득하는 데 있어, 특별한 감각 경험이 필요 없다는 것을 보여준다. 그런 지식들은 감각 경험이 아니라 순수하게 정신적인 방법을 통해서 획득될 수 있는 것이다. 그럼 이 순수하게 정신적인 방법을 통해 획득한 지식은 확실한가? 즉, '2+3=5'라는 지식은 확실한가? 이 순간 데카르트는 다소 엉뚱한 상상을 덧붙인다. 그것은 유명한 '악마의 가설'이다. 전능한 악마가 있다고 가정해 보자. 그리고 그 순수하게 정신적인 방법을 그 악마가 만들었다고 해 보자. 더불어 악마는 우리가 그 방법을 통해서 지식을 획득할 때마다 실수를 저지르도록 장치를 해 놓았다고 가정하자. 예를 들어, 사실 '2+3=4'지만 우리가 '2+3=5'라고 생각하도록 악마가 계략을 꾸몄다는 것이다. 만약 그런 악마가 존재할 수 있다면, 순수하게 정신적인 능력을 통해서 획득한 지식의 확실성 역시 충분하게 의심할 수 있다.

데카르트가 찾아낸 절대 확실한 진리, 코기토
'나'와 '나의 정신'의 존재

이제 수학적 진리를 포함해서 가능한 모든 것이 의심스럽다. 그런데, 의심에 의심을 계속하던 데카르트는 의심의 끄트머리에서 다음과 같은 결론에 도달한다.

"그러나 이런 식으로 모든 것이 거짓이라고 생각하고 있는 동안에도 이렇게 생각하는 나는 반드시 어떤 것이어야 한다는 것을 알게 되었다. 그리고 '나는 생각한다, 그러므로 나는 존재한다(Ego cogito, ergo sum),'라는 진리는

> 아주 확고하고 확실한 것이고, 회의론자들이 제기하는 가당치 않은 억측으로도 흔들리지 않는 것임을 주목하고서, 이것을 내가 찾고 있는 제1 원리로 거리낌 없이 받아들일 수 있다고 판단했다."
> — 《방법 서설》 중에서

내가 지금 꿈을 꾸고 있다고 하더라도, 꿈을 꾸고 있는 나는 존재한다. 내가 지금 매트릭스에 갇혀 있다고 하더라도, 매트릭스로부터 전기 자극을 받고 있는 나는 존재한다. 내가 지금 전능한 악마에게 철저히 속고 있다고 하더라도, 그 속임을 당하는 나는 반드시 존재한다. 이런 의심을 하고 있는 바로 이 순간에도, 의심을 하는 나는 존재한다. 나는 의심한다. 즉, 나는 생각한다. 그러므로 나는 존재한다. 보통 '코기토'라고 불리는 바로 이것이 회의주의로부터 벗어나기 위해 데카르트가 찾아낸 절대 확실한 철학적 진리다. 그런데 코기토에 등장하는 '나'는 무엇인가? 방법적 회의를 통해 내가 존재한다는

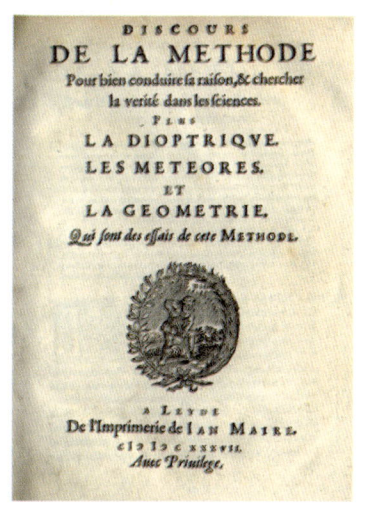

데카르트의 주요 저작인 《방법 서설》 초판. 1637년 네덜란드 레이덴에서 프랑스어로 출간되었으며 책의 완전한 제목은 《이성을 올바르게 이끌어, 여러 가지 학문에서 진리를 구하기 위한 방법의 서설(Discours de la méhode pour bien conduire sa raison, et chercher la verité dans les sciences)》이다.

결론에 이르는 데 있어 나의 물질적인 부분, 즉 신체는 어떤 역할도 하지 못했다. 오로지 내가 생각하고 있다는 사실만이 내가 존재한다는 결론에 영향을 주었을 뿐이다. 결국 코기토에 등장하는 '나'는 사유하는 무엇 혹은 정신적인 무엇이라고 할 수 있다. '나는 존재한다.'는 것은 결국 '나의 정신이 존재한다.'는 것이다. 지금껏 살펴본 대로, 데카르트는 기독교 신학과 아리스토텔레스 철학이라는 두 도그마가 위기에 처한 시대에 새로운 도그마, 즉 생각하는 내가 존재한다는 절대적이고 의심할 수 없는 진리를 만들어 낸다.

정신적인 것과 물질적인 것
심신 이원론, 데카르트의 심리 철학

의심의 끝에서 정신이 존재한다는 진리를 획득한 데카르트는 이제 다른 명징한 진리들을 찾아 나선다. 그 첫 시작은 신의 현존을 증명하는 것이고, 두 번째는 물질적인 것의 현존을 증명하는 것이다. 방금 언급했듯이 정신적인 것의 존재는 물질적인 것에 의존하지 않는다. 즉, 정신적인 것은 물질적인 것과 철저하게 구분되며, 그것 없이도 존재할 수 있다. 따라서 데카르트에게 있어 정신적인 것과 물질적인 것은 서로 독립적인 두 실체가 된다. 이런 점에서 일반적으로 데카르트의 철학은 이원론이라고 불린다.

정신과 물질이 서로 독립적이라는 데카르트의 심신 이원론(心身 二元論)은 몇 가지 문제점을 가지고 있다. 그 중에서 대표적인 것을 하나 생각해 보자. 정신과 물질이 독립적인 실체라는 것은 어느 하나가 없어도 다른 것이 존재할 수 있다는 말이다. 가령 인간이 아닌 동물들은 정신이 없는 기계일 뿐이다. 천사나 신과 같은 것은 물질적인 것에 구속되지 않는 정신적인 것일 테다. 암튼 이 둘은 서로 구분될 뿐만 아니라, 존재하기 위해서 서로에게 의존하지도 않는다. 그러나 이런 생각은 일견 우리의 경험과 잘 맞지 않는 듯이 보인다. 당신의 신체는 당연히 당신의 마음에 영향을 준다. 가령, 당신의 신체 중 일부가 불에 데었다고 생각해 보자. 그럼, 그 신체의 변화가 당신의 마음에 어떤 고통을 야기한다. 그리고 그 고통에 대해서 당신은 생각하고 되도록 그것을 피하려고 마음먹을 것이다. 반대 방향도 역시 성립한다.

당신의 마음은 당신의 신체에 영향을 준다. 손을 올리고자 하는 당신의 의도(정신적인 것)는 당신의 손이 올라가는 것(물질적인 것)에 영향을 준다. 이렇게 몸과 마음은 서로 원인과 결과의 관계를 가지고 있는 것 같다. 서로 독립적이지 않다는 것이다. 하지만 데카르트의 철학에서는 이런 인과적 관계를 설명할 수 없다. 그에게 있어 정신적인 것과 물질적인 것은 서로 독립적인 실체이기 때문에 서로 영향을 주고받을 수 없다. 이 문제는 보통 심신 문제(mind-body problem)라고 불린다. 물론 이것은 데카르트 철학 특유의 문제만은 아니다. 뿐만 아니라 다양한 심리 철학(마음의 본성, 마음과 물리적 신체 사이의 관계, 심적 속성 등에 대해서 연구하는 철학의 한 분야) 이론들이 이 문제를 해결하기 위해 등장했지만 여전히 문젯거리로 남아 있다. 이렇게 데카르트의 심리 철학의 문제가 아직 해결 중이라는 것은 그의 위대함에 대한 방증이라고 할 수 있다. 350년이 지난 지금에도 그의 철학은 살아 있으며, 여전히 현대 철학자들을 괴롭히고 있다.

지금까지 데카르트의 철학에 대한 공헌만을 살펴보았다. 하지만 데카르트의 위대함은 수학과 과학에서도 찾을 수 있다. 우선 수학에서 그는 좌표계를 도입하여 기하학과 해석학을 결합했다. 이것은 뉴턴과

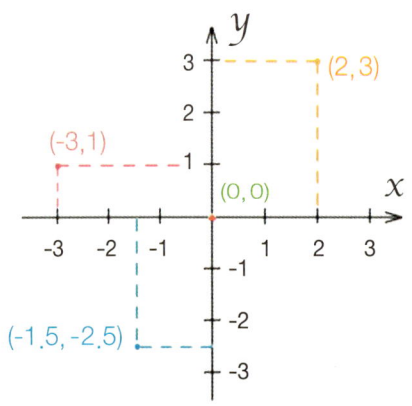

데카르트 좌표계. 보통 '직각 좌표계'라고도 불리는, x, y축으로 구성된 좌표계는 데카르트가 최초로 제안한 것이다. X축과 y축은 각각 실수 전체에 대응한다.

라이프니치가 미적분을 발명하기 위한 바탕을 형성한다.

뿐만 아니라 과학에서 갈릴레오 역학의 한계를 극복하여 관성 운동이란 개념을 분명히 했다. 관성이란 물체가 밖의 힘을 받지 않는 한 정지 또는 등속도 운동의 상태를 지속하려는 성질을 말하는데, 이는 훗날 뉴턴 역학의 핵심 개념으로 자리 잡는다.

Spinoza

"스피노자"

완전한 행복은 가능한가?

정재영

이런 간명한 물음에서 시작해 보자. 완전한 행복은 있는가? 한때 즐거운 행복이 아니라 영원히 지속 가능한 행복이 있는가? 만약 그런 행복이 있다면, 어디에 있는가? 여기 완전한 행복을 찾아 나선 철학자가 있다. 그의 이름은 스피노자(Benedictus de Spinoza, 1632~1677)다.

> "나는 다음 문제를 탐구하기로 결심했다. 정말 값진 것, 그리고 그 가치를 내게 나누어 줄 수 있는 것, 오직 그것만이 내 마음을 움직일 수 있는 것, 그것을 발견하고 획득함으로써 내가 계속적이고 완전한 행복을 영원히 누리게 될 수 있는 그 무엇"
> - 스피노자의 《지성 개선론》 중에서

과연 스피노자는 계속적이고 완전한 행복을 가능하게 하는 '고귀한 그 무엇'을 찾는 데 성공했을까? 스피노자는 주저 《윤리학》 마지막 구절에서 이렇게 말했다.

> "모든 고귀한 것은 힘들뿐만 아니라 드물다
> (Sed omnia praeclara tam difficilia, quam rara sunt)."

스피노자 철학에서 가장 많이 인용되는 구절 중의 하나인 이 말의 뜻을 짐작하기는 그리 어렵지 않다. 한마디로 완전한 행복으로 가는 여정이 쉽지 않다는 이야기가 아닌가? 그러나 이 구절 바로 앞에서 그는 이 길이 매우 어렵게 보일지라도 발견될 수는 있다면서 희망의 끈을 놓지 않는다. 말하자면, 스피노자 철학은 인간이 완전한 행복을 얻을 수 있는가 하는 질문에서 시작해서, 그 길은 힘들고 드물기는 하지만 적어도 발견될 수는 있다는 조심스러운 답변으로 끝나는 셈이다.

기하학적 방식으로 증명된 윤리학

윤리학은 인간의 삶과 행복에 대한 문제를 다룬다. 그런데 스피노자가 쓴 《윤리학》을 펼쳐 보는 순간, 여러분은 크게 당황할지도 모른다. 세상에! 윤리학 책이 온통 정의와 공리, 그리고 정리로 이루어져 있다. 이게 윤리학 책인가? 정의와 공리, 그리고 정리와 그 증명은 수학 시간에 배우는 기하학 용어가 아닌가? 맞다. 스피노자는 윤리학의 과제를 아주 정확하게 기하학적 방식으로 증명하고 있다. 그러고 보니 스피노자의 《윤리학》에는 '기하학적인 질서에 따른(ordine geometrico)'이라는 부제가 붙어 있다. 스피노자가 살았던 당시 기하학의 교과서로 통했던 유클리드의 《기하학 원본》의 체계를 그대로 따른 것이다.

유클리드 기하학에서 정의는 어떤 용어나 기호를 이렇게 부르겠다는 약속을 바탕으로 한다. 따라서 정의에 기초한 명제는 하나의 수학적 약속이기 때문에 그것이 참인지 아닌지 증명하지 않는다. '공리(axiom)'는 약속은 아니지만, 너무나 자명하기 때문에 굳이 증명을 하지 않고 참으로 받아들이는 명제를 말한다. 예를 들어, 유클리드 기하학에서 제1의 공리는 "두 점을 지나는 직선은 하나뿐이다."라는 명제다. 그러나 정의와 공리를 제외한 모든 정리(theorem)는 반드시 증명을 필요로 한다.

기하학적 질서에 따른 스피노자의 윤리학은 각각의 명제를 정의와 공리, 그리고 정리에 따라 체계적으로 정리하고 있다. 그리고 정의와 공리가 아닌 윤리적 명제에는 그것이 참이라는 것을 증명하는 긴 과정이 포함되어 있다. 전형적인 연역적 방식, 곧 앞에서 참이라고 받아들여지거나 또는 증명된 명제에 의거해서 새로운 명제를 산출해 내는 방식이다. 스피노자는 왜 이렇게 윤리학을 기하학적 형식으로 증명했을까?

독자를 당혹스럽게 하는 점은 또 있다. 기하학적 질서에 따라 증명하는 첫 주제가 윤리적 문제가 아니라 '신'에 관한 문제다. 신에 대한 문제는 엄밀하게 말하면, 윤리학에서 다뤄야 할 과제가 아니다. 신의 문제는 전통적으로 형이상학 또는 신학에서 다루고 있는 문제다. 그는 왜 윤리학의 출발점을 인간에 대한 윤리 문제에서 시작하지 않고, 신에 대한 형이상학적 문제에서 시작한 것일까?

데카르트 철학 용어로 비판한 데카르트 철학

이 퍼즐을 풀기 위해서 우리는 잠시 데카르트 철학으로 되돌아간다. 스피노자 철학은 당시 유럽 지성계를 휩쓸었던 데카르트 철학을 비판하는 데서 출발하기 때문이다. 스피노자는 데카르트 철학의 전문가로 알려져 있었으며, 그가 독일 하이델베르크 대학에서 철학 교수직을 제의 받은 것도 데카르트 전문가라는 명성 때문이었다. 스피노자는 이 영예로운 제안을 학문의 자유를 지키기 위해서 정중하게 거절했다.

데카르트 철학은 '생각하는 실체(res cogitans)'로서의 나에서 출발한다. 생각하는 내가 있다는 사실은 데카르트의 표현을 빌면, 아무리 의심하려 해도 의심할 수 없는 철학의 제1 원리에 해당한다. 이 토대 위에서 데카르트는 '생각하는 실체'로서의 정신과 '연장으로서의 실체(res extensa)'인 물질을 모두 실체로 인정한다. 데카르트는 실체를 "자신이 존재하기 위해 다른 어떤 것도 필요로 하지 않고 독립적으로 존재하는 것"으로 정의한다. 따라서 정신과 물질이 각각 독립적 실체라면, 물질이 움직이는 원리는 오로지 물질의 속성인 연장으로서 설명이 가능해야 하고, 정신이 움직이는 원리도 역시 정신의 속성인 사유로서만 설명이 가능해야 한다. 또한 데카르트는 정신과 물질을 유한 실체로 보고, 이것을 가능하게 한 무한 실체로 신을 이야기했다. 말하자면 데카르트에게 있어서 실체는 모두 셋이다. 정신과 물질, 그리고 신이 모두 독립적으로 존재하는 실체다.

이러한 데카르트의 실체 개념은 정신과 물질의 세계를 서로 차단하고, 자연에서 신을 떼어내 근대 과학이 교회의 영향력에서 벗어나는 데 큰 역할을 했지만, 다른 한편 이런 공헌과 함께 풀어야 할 커다란 숙제도 던져 주었다. 그것은 물질과 정신의 접점을 찾는 문제였다. 특히 인간은 기계처럼 움직이는 몸과 생각을 하는 마음을 함께 가진 이원화된 존재였다. 우리는 지난 데카르트 편에서 이것을 심신 이원론이라고 정리한 바 있다.

스피노자는 실체를 "자신 안에 있으며 자신에 의하여 생각되는 것", 즉 "그것의 개념을 형성하기 위해 다른 것의 개념을 필요로 하지 않는 것"으로 정의한다. 실체에 대한 정의에 관한 한, 데카르트와 스피노자의 차이는 크게 다르지 않다. 잠깐! 이 대목에서 "자신에 의해 생각되는 것"이라는 스피노자의 정의에 주목하기 바란다. 데카르트가 말하는 실체의 개념에는 이러한 표현이 없다. 실체는 어디까지 존재의 문제에 국한되는 '존재적 자립성'만을 의미할 뿐이지, 스피노자에서처럼 자신에 의해 생각되는 것이라는 개념적 자립성을 뜻하지 않는다.

때론 작은 차이가 큰 차이를 가져온다. 그것은 똑같은 용어를 쓰는 경우에 더 그렇다. 철학의 역사에서 보면 이러한 미묘한 차이가 점점 커지는 경우를 목도할 수 있다. 예를 들어, 고대 그리스 철학에서 플라톤과 아리스토텔레스의 철학이 갈라지는 결정적 분기점은 형상에 대한 두 위대한 철학자의 미묘한 차이에서 시작한다. 비슷하게 스피노자 철학이 데카르트 철학과 갈라지는 결정적 지점도 실체 개념에 대한 미묘한 차이에서 비롯된다. 스피노자가 기하학적 방법으로 자신의 주장을 펼친 것은 얼핏 봐서는 비슷하게 보이는 데카르트 철학과 자신의 철학이 어떻게 다른가를 보여 주기 위한 계산된 의도가 아니었을까? 스피노자는 당시 유럽의 지성계를 풍미한 데카르트 철학의 단순한 주석자가 아니다. 오히려 스피노자는 데카르트 철학에 반기를 든 철학자로 보아야 한다.

스피노자의 신은 자연이며 유일한 실체다

스피노자에게 있어서 실체는 자신에 의해 생각되는 것이기 때문에 무한하다. 유한한 것은 자신 안에 있지 않으며, 자신에 의해 생각되지 않는다. 따라서 데카르트가 말하는 유한 실체인 정신과 물질은 스피노자 철학에서는 실체가 아니다. 그래서 스피노자는 이러한 실체의 정의에 근거해서 실체가 무한하다는 명제를 증명하며, 이어서 무한한 실체인 신이 필연적으로 존재한다는 명제가 성립된다는 것을 보여 주고, 마침내 이러한 무한 실체가 단 하나뿐인 유일한 실체라는 것을 증명한다. 이러한 스피노자의 주장을 평이한 말로 풀어서 말한다면, 스피노자에게 있어서 실체는 단 하나라는 말이다. 그것은 신이다. 또 자연이다. 다시 말해 신과 자연은 단 하나인 실체로서 동일하다.

그렇다면 데카르트가 실체로 인정한 정신과 물질은 스피노자 철학에서 어떻게 설명되는가? 그것은 실체가 아니다. 스피노자는 실체를 자신 안에서 스스로 존재하고, 또 자신에 의해서 파악되는 것으로 정의했다. 그러나 연장으로서의 물질과 사유로서의 정신은 자신 안에 스스로 존재하지 않으며, 자신에 의해서 파악되지 않는다. 따라서 그것은 실체가 변용되어서 다른 것 안에 나타난 것, 곧 양태(modus)다.

이때 유일한 실체로서 신은 어떻게 자연과 동일한가? 스피노자는 "신의 본성인 필연성으로부터 무한히 많은 사물들이 무한히 많은 방식으로 따라 나온다."라고 말한다. 물론 이 명제도 스피노자는 기하학적 방식으로 증명한다. 여기에서 스피노자는 자연을 '능산적 자연(natura naturans)'과 '소산적 자연(natura naturata)'으로 구분한다. 능산적 자연이란 능동적이고 창조적인 자연을 말하고, 소산적 자연이란 피동적이고 창조된 자연을 말한다. 그래서 스피노자는 자연을 한편으로는 항상 일정하고, 다른 한편으로는 끊임없이 변화하는 것으로 바라본다. 이것을 스피노자의 딱딱한 명제식 표현으로 바꿔서 말하면, 능산적 자연은 자신 안에 있으며 자신에 의해 생각되는 실체를 의미하며, 소산적 자연은 신적 본성의 필연성에 의해 생기는 실체의 변용, 곧 양태를 말한다.

이렇게 해서 스피노자의 신은 유일한 실체로서의 능산적 자연이 되며, 또한 동시에 실체가 변화하는 모습으로서의 소산적 자연으로도 나타난다. 그래서 스피노자 철학은 후자의 관점에서 보면, 신이 모든 자연에 내재해 있다는 범신론적 성격을 띠고 있다고 할 수 있다.

이러한 스피노자 철학의 범신론적 성격은 유대인인 스피노자가 유대 공동체에서 이단으로 파문된 결정적 계기로 작용했다. 파문이 되면, 가족이나 친구를 불문하고 같은 집에 살거나 서로 오가는 일이 금지되고, 대화 및 서신 교환도 허용되지 않는다. 물론 파문을 받은 이의 글이나 책을 읽는 것도 금지된다. 스피노자 책이 대부분 그의 사후에 출간된 것도 바로 이 때문이다. 심지어 우리가 이 앞에서 인용한 《지성개선론》과 같이 그가 죽은 지 1백 년쯤이 지나서야 나온 책도 있다.

스피노자 르네상스를 부른 '코나투스 명제'

물론 이제 사람들은 스피노자를 더 이상 위험한 철학자로 보지 않는다. 오히려 그를 삶과 철학이 일치하는 완벽한 철학자로 보는 평가가 더 일반적이다. 종교적 공동체며 사회 공동체기도 한 유대 교회에서 파문이라는 사상적 극형을 당했던 일도 학문적 양심을 지키기 위한 고귀한 신념의 표현으로 평가된다. 그래서 20세기 영국 철학자 버트런드 러셀은 《서양 철학사》에서 지적인 면에서 스피노자를 능가한 철학자는 몇 사람 있지만, 윤리적인 면에서 스피노자를, 아무도 따르지 못할 최고 수준에 도달한 가장 고귀한 철학자로 우러러 본다.

그러나 20세기 후반 들어서 스피노자의 삶에 대한 재평가가 아니라 스피노자 철학에 대한 재평가가 다시 일어났다. 혹자는 그것을 '스피노자 르네상스'라고 부르기도 한다. 이러한 스피노자 철학에 대한 재평가, 또는 재발견은 신에 대한 형이상학적 담론이 아니라 인간학 또는 정치 철학에 주목한다. 물론 스피노자의 인간학은 유일한 실체로서 신에 대한 존재론의 토대에서 이해해야 생명력을 갖는다.

스피노자 인간학의 기초를 이루는 핵심 개념인 코나투스(conatus) 개념도 그렇다. 번역하기가 무척 까다로운 이 말은 모든 존재가 자신을 유지하고자 하는 자기 보존 욕망을 가리킨다. 이 말은 《윤리학》 3부의 일곱 번째 정리에 등장한다. 그는 이렇게 말한다. "각 사물이 자신의 존재 안에서 지속하고자 하는 성향(conatus)은 그 사물의 현실적 본질뿐이다." '코나투스 명제'로 흔히 불리는 이 명제를 이해하기 위해서는 그 이전에 스피노자에 의해 증명된 정리로써 능산적 자연과 소산적 자연이라는 내재적 관계를 이해해야 한다. 코나투스는 신의 내재적 활동이 유한한 존재에게 표현되는 것이기 때문이다.

스피노자는 코나투스가 정신과 신체에 관계하는 것을 '충동(appetites)'이라고 부른다. 그리고 인간이 이 충동을 의식하면 충동은 '욕망(cupiditas)'이 된다고 말한다. 스피노자는 인간의 본질을 이러한 욕망으로 정의한다. 스피노자의 주장을 좀 더 따라가 보자. 인간에게 나타나는 기쁨은 스피노자에 따르면, 정신이 코나투스와 같은 방향으로 작용하는 외적 원인의 영향에서 더 큰 완전성으로 이행할 때 드러난다. 그 반면에 슬픔은 정신이 코나투스와 대립하는 외적 원인의 영향에서 더 작은 완전성으로 이행할 때 느끼는 것이다. 풀어서 말하면 기쁨이란 자기 보존 욕망이 실현되어 자기가 더 커질 때 느끼는 감정이며, 반대로 슬픔이란 자기 보존 욕망이 더 작아질 때 느끼는 감정이라는 것이다.

이렇게 스피노자가 말하는 윤리학은 신=자연=실체라는 형이상학에서 출발하여 인간학으로 이어지는 연역적 체계를 이루고 있다. 그래서 그가 세운 명제는 전체의 틀 속에서 조망해야 긴밀한 내적 연관성을 찾을 수 있다. 스피노자 생전에 사람들은 그의 철학에서 신에 대한 명제를 주목했다면, 이제 사람들은 그의 철학에서 인간과 사회에 대한 명제에 더 주목한다. 그것은 인간은 어떻게 완전한 행복에 이르는가 하는 명제로 요약된다. 이 명제를 더 밀고 나가면 인간 공동체인 사회가 어떻게 완전한 행복에 이르는가 하는 물음으로 확장된다. 바로 이 물음이 오늘날 스피노자 철학을 다시 되돌아보게 하는 원동력이다.

이제 우리가 처음 제기한 질문으로 돌아가자. 일시적 행복이 아니라 영원히 지속 가능한 행복으로 이르는 길이 있는가? 유한한 인간과 인간 공동체에 그런 고귀한 것이 과연 가능한가? 우리는 이미 스피노자의 답을 알고 있다. 모든 고귀한 것은 힘들고 드물다. 그러나 우리는 또 힘들고 드문 것을 향해 나아갈 수밖에 없다는 스피노자 철학의 메시지도 이미 알고 있다. 그는 고귀하고 완전한 것을 온몸으로 추구한 철학자였다. 그래서 스피노자를 평생 존경했던 과학자 아인슈타인은 "나는 스피노자의 신을 믿는다." 라고 이야기했는지도 모른다.

· 스피노자의 집. 지금은 스피노자 박물관으로 바뀌었다(위).
· 스피노자는 헤이그에서 그의 삶을 마감했다.
그가 1671년부터 1677년까지 여기서 살았다는 플라크가 붙어 있다(아래).

John Locke

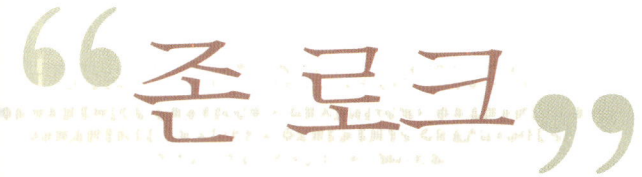

"존 로크"

인간의 마음은 하얀 백지

정재영

송곳처럼 날카로운 킬 패스로 한 번에 적진을 무너뜨리는 축구는 짜릿하다. 거기에는 미처 예측할 수 없는 창의적인 움직임이 있다. 그런가 하면 중원의 볼 점유율을 높여 경기의 주도권을 장악하는 축구 스타일도 있다. 무엇이라고 딱 짚어 내기는 어렵지만 소리 없이 강한 축구팀도 있다.

철학을 축구에 비유할 수 있을까? 그럴 수 있다면, 경험주의는 창의성이 돋보이는 철학은 아니다. 아무도 예측할 수 없는 생각에 토대를 둔 것이 아니라 누구나 할 수 있는 생각에 바탕을 둔다. 주장하는 방식도 그렇다. 상식을 뒤집는 날카로운 논리보다는 평범한 상식에 의존한다. 적어도 근대 경험론의 틀을 세운 존 로크의 철학은 그렇다.

위대한 철학자의 위대하지 않은 철학

경험주의는 "우리의 모든 지식은 경험에 근거를 두고 있으며, 궁극적으로는 경험에서 지식이 나온다."는 주장이라고 할 수 있다. 어찌 보면 지극히 당연한 주장이다. 지식이 직접적이든 간접적이든 경험에서 나오지 않는다면 도대체 어디에서 나오겠는가? 그러나 로크 철학을 위와 같이 뼈대만 간추리면 로크 철학이 강한 이유를 제대로 해독할 수 없다.

로크가 주장한 철학 자체를 위대한 철학이라고 평가하는 이는 그리 많지 않다. 그러나 로크를 위대한 철학자로 평가하는 이는 많다. 그가 세운 철학은 위대하지 않은데, 바로 그 철학을 이야기한 사람은 위대하다? 위대한 철학자의 위대하지 않은 철학, 이 형용 모순은 어디에서 오는가?

그가 위대한 철학자라는 평가가 오류인가? 아닐 것이다. 프랑스 계몽주의 사상가 볼테르는 그를 항상 "지혜로운 로크(le sage Locke)"라고 칭했다. 미국 독립 선언문을 작성한 미국 건국의 아버지 제퍼슨은 로크를 세계에서 가장 위대한 세 명의 인물 중 하나로 꼽기도 했다. 그에 대한 찬사는 이 정도로 가볍게 넘어가자. 어떤 사상가에게도 추종자는 있는 법이니까.

나는 로크가 위대하다는 것을 그가 후대에 끼친 영향력이 그 어떤 철학자보다 크고 깊다는 것으로 이해해 달라고 요청한다.

그는 서양 철학의 흐름을 양분한 합리주의적 전통과 경험주의적 전통 중에서 후자의 틀을 세운 인물이다. 우리가 경험주의에 찬성하든 반대하든 우리가 경험주의 전통, 더 확장해서 근대의 흐름을 이해하기 위해서는 도저히 그를 비켜날 수는 없다.

또한 로크는 정치적 자유주의의 기본 틀을 제시한 인물이다. 새삼 이야기할 필요도 없이 자유주의적 전통은 근대가 시작한 이후 지금까지 그가 살았던 영국을 뛰어넘어 세계의 정치 질서를 관통하는 큰 힘으로 작동하고 있다. 한 사람의 철학이 이렇게 광범위하게 영향을 준 경우는 거의 찾아보기 힘들다. 러셀이 《서양 철학사》에서 지적하는 바와 같이 마르크스는 어떤 점에서 로크가 세운 전통의 후계자라고도 볼 수 있다.

로크 철학의 영향력은 다른 분야에서도 찾을 수 있다. 지금은 우리가 당연하게 여기고 있는 정치와 종교의 분리에 대한 주장은 우리가 이 책에서 본 바와 같이 중세 철학에서 이미 그 단초가 보이지만, 마지막 펀치를 날린 결정적 인물은 로크다. 우리가 오늘날 사상과 종교의 자유를 보장하게 된 데에는 로크의 공을 결코 무시할 수 없는 것이다. 그렇다. 이 점만으로도 로크는 충분히 위대한 인물이다.

인간의 마음은 빈방 아무런 문자가 없는 하얀 백지

 그렇다면 위대한 철학자 로크의 철학도 위대하다고 봐야 하지 않을까? 로크 철학을 좀 자세하게 들여다보자. 경험주의 아버지로서 로크의 철학은 《인간 오성론》으로도 번역된 《인간의 지적 능력에 관한 시론(An Essay concerning Human Understanding)》에 나타나 있다. 정치적 자유주의의 효시로서 로크의 철학은 《통치론》이라고도 번역된 《정부에 관한 두 논고(Two Treatises of Government)》에 잘 드러나 있다. 정치와 종교의 분리, 또는 종교의 관용을 역설한 그의 주장은 《관용에 대한 편지》에 담겨 있다. 이 세 권의 책은 보통 로크의 3대 저작으로 꼽는다.

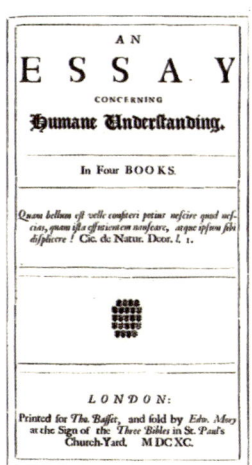

왼쪽부터 로크가 저술한
《인간의 지적 능력에 관한 시론》과
《정부에 관한 두 논고》.
전자는 경험주의 아버지로서의
로크 철학을 잘 담아내고 있으며
후자에는 정치적 자유주의 효시로서의
로크의 철학이 잘 드러나 있다.

철학의 숲, 길을 묻다

237

《인간의 지적 능력에 관한 시론》은 로크가 가장 공들인 책이다. 영국의 명예혁명이 성공한 후 2년 뒤인 1690년에 초판이 나왔지만, 실제로 이 책은 20년 동안 꾸준히 쓰인 4부로 된 두툼한 책이다. 초판이 나온 뒤에도 수정에 수정을 거듭했으니까 30년 이상 로크의 성찰이 고스란히 담긴 책이다.

이 책은 여러 가지 면에서 데카르트가 쓴 《방법 서설》과 대조된다. 《방법 서설》이 근대 합리론의 출발점이 된다면, 《인간의 지적 능력에 관한 시론》은 근대 경험론의 신호탄에 해당한다. 간결한 《방법 서설》에 비해 《인간의 지적 능력에 관한 시론》은 좀 산만하다. 명석 판명한 사고를 중시하는 데카르트의 깨끗한 생각을 읽는 것이 《방법 서설》의 관전 포인트라면, 《인간의 지적 능력에 관한 시론》에서는 구석구석을 빠뜨리지 않고 짚어 본 로크의 성찰의 깊이를 읽어야 한다. 여기에서 로크가 말하고자 하는 골자는 아주 간단하게 정리된다. 인간의 모든 지식은 경험에 근거한다는 것이다. 이 평범한 주장을 로크는 그가 철학의 길로 들어선 이후 죽기 직전까지 쓰고 또 쓰고, 고치고 또 고쳤다. 다른 저작에서도 공통적으로 드러나는 점이지만 로크는 여기서 주어진 주제에 대해서 체계적인 설명을 시도하지 않는다. 창의적인 이론을 세우지도 않고, 그렇다고 자신의 설명을 명쾌하게 하기 위해서 새로운 용어를 만들지도 않는다. 로크를 이야기할 때마다 거의 빠짐없이 거론되는 '타불라 라사(tabula rasa, '아무것도 쓰이지 않은 서판'이란 뜻을 가진 라틴어〉라는 유명한 용어는 사실은 로크가 쓴 말이 아니다. 그는 단지 인간의 마음은 빈방이나 아무런 문자가 없는 백지, 또는 완전히 밀폐된 암실과 같은 것이라고 비유적으로 설명했을 따름이다. 타불라 라사는 사실 라이프니츠가 로크 철학을 비판하기 위해서 사용한 라틴어 말이다. 라이프니츠의 이 용어가 비록 로크 철학을 비판하기 위해서 사용된 말이기는 하지만, 정곡을 찌른 표현이라고 후세 사람들이 자주 인용하다 보니 마치 로크의 말처럼 오해하게 된 것이다. 로크는 새로운 말을 즐겨 만드는 사람이 결코 아니었다.

따지고 보면 로크 철학의 인식론에서 중요한 위치를 차지하고 있고, 후에 버클리가 비판한 1차 성질과 2차 성질에 대한 용어도 그렇다. 로크는 1차 성질/2차 성질이라는 말을 만들지 않았다. 다만 갈릴레이가 사용한 이 분류에 자신의 성찰을 보탰을 뿐이다. 로크는 일상적인 말로, 더 콕 짚어서 말하면 마치 클럽에서 그의 대화 상대자인 지식인 계층을 상대로 이야기를 나누듯이, 아주 길게 서술한다. 그리고 그 이야기는 영국인이 강조하는 상식(common sense)에 바탕을 두고 있다. 그 상식은 결코 극단적이지 않다. 논의를 계속하다 논리가 위험한 수위까지 가면, 논리를 포기하고 상식으로 되돌아간다. 그 점에서 대다수의 철학사가들이 지적하는 바와 같이 로크의 철학은 매우 영국적이다.

《인간의 지적 능력에 관한 시론》을 한편에서는 철학의 역사에서 영원히 기록될 걸작 중의 걸작으로 평가하고, 다른 한편에서는 용어는 모호하고 주장은 산만하기 그지없는 지루한 책으로 평가하는 것도 그 때문이다. 여러분은 어떤 스타일의 철학을 좋아하는가? 그 리트머스 시험지로 《방법 서설》과 《인간의 지적 능력에 관한 시론》을 동시에 펼치고 데카르트와 로크를 직접 만나 보기를 권한다.

본유 관념에 대한 반박
우리의 마음은 텅 비어 있다

여기서 몇 가지 관전 포인트를 짚어 보자면, 로크는 데카르트의 합리주의 철학 전반에 대해 총체적 반박을 한 것이 아니다. 그것은 로크 스타일이 아니다. 그가 데카르트에 반대하는 것은 인간이 선천적으로 가지고 있다는 본유 관념에 대한 대목에서다. 데카르트가 이야기하는 본유 관념은 신의 존재를 증명하는 대목에서 나온다. 데카르트가 철학의 제1 원리라고 부른 '생각하는 나(res cogitans)'는 신의 존재를 증명하기 위해 내 안에 있는 세 종류의 관념을 분석한다. 내 마음의 바깥에 있는 사물에서 온 외래 관념, 내 마음 스스로의 의지에 따라 생겨난 인위 관념, 그리고 오로지 '생각하는 나'에서 비롯된 본유 관념 등이 그것이다. 데카르트는 이러한 본유 관념으로 생각하는 나, 수학의 원리, 도덕의 원리, 그리고 신의 관념 등을 꼽았다. 이 대목에서 로크는 이의를 제기한다. 그리고 바로 이 지점에서 철학으로서의 경험론이 출발한다. 로크는 인간은 그러한 본유 관념을 가지고 태어나지 않는다고 주장했다. 우리 마음은 그냥 텅 비어 있다고 했다. 텅 빈 하얀 백지에는 본유 관념이 없다. 단지 그것을 채워 나가는 것은 인간의 경험이다. 로크는 말한다. "내가 만나는 사람들 중에서 열에 아홉은 그들이 착하거나 사악하거나, 또는 능력이 있거나 없거나, 그것은 교육으로부터 채워진 것이라고 말할 수 있다."

데카르트는 이성을 올바로 인도하는 '정신 지도의 규칙'에 관심을 가졌다. 그러나 로크는 하얀 백지에 기록된 '관념들의 연상 규칙'에 관심을 가졌다. 그에 따르면 인간의 지식은 모두 외적 감각과 내적 반성이라는 경험에서 비롯된 것이다. 아무리 복잡해 보이는 지식도 사실은 단순 관념에서 비롯된 복합 관념에 지나지 않는다. 데카르트가 실체라고 부른 것도 따지고 보면, 내적 성찰에서 나온 복합 관념에 지나지 않는다.

홉스의 사회 계약론에 대한 비판
결코 양도할 수 없는 권리

사회 계약을 다룬 《정부에 관한 두 논고》는 《인간의 지적 능력에 대한 시론》보다는 짧다. 그러나 여기에서도 로크 철학의 스타일은 여전하다. 이 책의 중심 주제는 과연 누가 정치권력을 보유해야 옳은가 하는 점이다. 그러나 로크는 이 책에서 정치권력 또는 통치 권력이라는 용어를 사용한 적이 없다. 그러면서도 그는 첫 번째 논고와 두 번째 논고를 통해서 정치권력이 왕이나 정치 공동체인 정부에 있는 것이 아니라 정부에 권력을 '위탁(entrust)'한 시민에 있다는 것을 주장하고 있다. 특히 두 번째 논고에서 로크는 홉스(Thomas Hobbes)가 제기한 사회 계약론을 비판하고 있다.

자연 상태는 원래 홉스가 한 말이다. 홉스가 상정한 "만인을 위한 만인의 투쟁"인 자연 상태를 로크는 다르게 해석한다. 로크에 따르면, 태초에 모든 인간은 평등했다. 자신의 행동은 자신이 각자 자유롭게 결정했다. 그러나 인간이 자신의 자유를 속박할지도 모르는 정치 공동체를 결성한 것은 자연 상태가 단지 불편하기 때문이었다. 특히 자연 상태에서는 모두 자신이 옳다고 판단하기 때문에 이를 중재하거나 판단할 수 있는 판관이 없어 모두 불안했기 때문이다. 그래서 세워진 것이 인간에게 권리를 위탁 받아 세워진 정부다. 그러나 위탁은 '양도(alienation)'와 다르다. 위탁은 미리 정해진 계약 조건을 이행하는 경우에 한해서 조건적으로 권한을 위임하는 행위를 말한다. 그러나 인간은 자연 상태에서 주어진 권리를 가지고 있으며, 이것을 정부에 준 것은 아니다. 이 권리는 결코 양도할 수 없는 것이며, 그 가운데 중요한 것은 생명, 자유, 그리고 재산에 대한 권리다.

양도할 수 없는 권리, 바로 이 대목에서 홉스와 로크의 사회 계약이 결정적으로 갈라진다. 홉스는 사회 계약을 통해 모든 권리를 정부에 양도했다고 주장하지만, 로크는 그렇지 않다고 말한다. 결코 양도할 수 없는 권리로 자유를 주장하는 대목에서 로크는 정치적 자유주의의 틀을 세운 자유주의의 아버지가 된다. 또 양도할 수 없는 권리로 재산(property)을 포함시킨 대목에서 로크는 사적 소유의 이론적 틀을 세운 정치 경제학의 이론을 제공한다. 로크가 제공한 정부론은 1688년 명예혁명의 이론적 토대가 되었다. 영국이 명예로운 혁명이라고 부르는 이 혁명 이후 영국은 더 이상 헌정 질서의 중단이 없었기 때문에 로크가 제공한 정부론은 지금도 기능하고 있는 셈이다. 또 그의 정치 철학은 영국이라는 지역적 공간을 뛰어넘어 미국 독립 혁명과 프랑스 혁명 그리고 전 세계로 확산되었다.

로크가 살았던 시대는 영국 역사에서 가장 극적인 시기였다. 왕당파와 의회파의 정치 갈등, 그리고 영국 국교(성공회)와 가톨릭의 종교 갈등이 겹치면서 크고 작은 파열음을 내고 있었다. 그는 이 혼돈의 시대의 한복판에 살면서 냉철한 시각으로 명예혁명을 이끌어 낸 정치 철학자이기도 했다. 그는 지혜롭고 냉철했다. 그의 철학에는 진보성과 보수성이 놀라운 균형을 이루고 있다. 그는 경험론의 씨를 뿌렸지만, 그 이후의 경험론 철학자처럼 논리를 끝까지 밀고 가지는 않았다. 그는

로크의 정치 철학은 영국을 넘어 미국 독립 혁명에도 영향을 미쳤다. 그림은 미국 독립 선언에 서명하는 13개 식민지의 대표들.

사회 계약을 통해 인간이 정부에 권리를 양도한다는 점에 동의했지만 동시에 정부에 양도할 수 없는 권리가 있다는 점도 함께 짚었다. 그는 영국 국교인 성공회를 믿는 독실한 신자였지만, 종교의 자유를 주장했다.

로크는 위대한 철학자지만, 그가 주장한 철학도 역시 위대한가 하는 질문에 대한 답을 내려야 할 때다. 우리는 위대하다는 말에 대한 기준으로 한편으로는 로크 철학의 영향력을 이야기했고, 다른 한편으로는 로크 철학의 논리적 체계의 완성도에 의문 부호를 달았다. 그러나 로크는 철학적 체계의 논리적 정합성을 희생하고 영국적 '상식'을 우선했다. 그것이 바로 로크 철학의 힘이라는 점을 우리는 확인한다. 이제 질문을 이렇게 바꾼다. 현재 이 시대에서 로크 철학의 무엇이 살아 있고, 무엇이 죽었는가? 이것은 로크를 어떻게 재해석할 것인가를 묻는 철학적 문제에 국한되지 않는다. 우리가 살고 있는 지금 이 시대를 어떻게 읽을 것인가 하는 물음이기도 하다.

Leibniz

"라이프니츠"

실존하는 것은 무엇인가?

― 송 하 석

계몽주의의 프랑스 철학자 볼테르는 라이프니츠(Leibniz, 1646~1716)를 조롱하는 철학적 소설 《캉디드》를 썼다. 《캉디드》에는 팡그로스 박사가 등장하는데, 그는 말할 것도 없이 라이프니츠의 분신이다. 팡그로스는 세상의 온갖 불합리와 비참함에도 불구하고 이 세상이 최선의 세계라고 믿으며 목적론(모든 사물은 그 사물이 존재하는 목적을 가지고 있다는 이론)적 세계관을 포기하지 않는다. 볼테르는 팡그로스를 조롱하면서 매우 시사적인 말로 《캉디드》를 마무리한다. "내가 내 밭을 일구지 않으면 안 된다." 다시 말해서 이 세상이 완전한 신에 의해서 최선의 세계로 창조되었다고 믿으면서 신의 섭리만을 기대하는 어리석음을 조롱하고 인간인 내가 무엇인가를 직접 해야 한다는 뜻이다.

한편 프랑스의 또 한 명의 계몽주의 철학자 디드로는 라이프니츠를 어떤 철학자보다도 많은 업적을 남긴 사람이라고 말하고, 라이프니츠를 플라톤에 비견할 만한 철학자라고 말하기까지 한다. 뿐만 아니라 디드로는 "우리가 우리의 재능을 라이프니츠의 재능과 비교한다면, 우리는 우리의 저서들을 집어 던지고, 아무도 기억하지 못하는 모퉁이에서 조용히 죽을 수밖에 없다."고 말한다. 이처럼 한편으로는 조롱을 받고, 또 한편으로는 천재라고 칭송되는 라이프니츠, 그는 도대체 어떤 철학자이기에 이처럼 조롱과 찬사를 동시에 받는 것일까?

단자론과 라이프니츠 그의 철학 체계

사실 라이프니츠는 자신의 핵심적인 사고를 집대성한 걸작이라고 할 만한 저서를 남기지 않았다. 그의 주요 저서로 《단자론》, 《변신론》, 《인간 오성에 관한 새로운 시론》, 《형이상학에 대한 담론》 등이 꼽히지만, 그 어느 것도 그의 모든 철학 체계를 아우르는 저서라고는 말할 수 없다.

그의 많은 저술은 학술지나 대중적인 잡지에 기고한 글이거나 지인들에게 보낸 편지로 구성되어 있고, 현재까지도 완전히 출간되지 않았기 때문에 여전히 새로 출간되고 있다. 그러다 보니 그의 전체 철학 체계를 조망하고 그의 핵심적 철학 사상을 이해하기 위해서는 퍼즐 조각을 맞추듯이 여러 저술들에 드러나 있는 그의 사상을 종합해야만 한다. 이런 이유 때문일 수도 있겠지만, 라이프니츠의 철학에 대한 해석은 매우 극단적으로 나뉜다. 볼테르의 조롱과 디드로의 찬사 이외에, 라이프니츠 철학 체계를 매우 논리적이고 정합적인 체계라고 주장하는 철학자도 있고, 또 한편으로는 그의 철학은 일관성이 없다고 비판하는 철학자도 있다.

우리는 라이프니츠의 철학 중에서도 흔히 단자론이라고 알려진 그의 형이상학에 대해서 조망해 보고자 한다. 그런데 단자론을 이해하기 위해서는 먼저 그의 철학 체계에서 중요한 몇 가지 원리를 이해해야 한다.

첫 번째 원리는 '어떤 명제도 동시에 참이면서 거짓일 수 없다.'는 모순율이다. 라이프니츠는 이 모순율을 근본적 진리라고 불렀다. 이 원리는 대부분의 사람들이 직관적으로 받아들일 것이고 달리 증명할 길이 없다는 뜻으로 근본적 진리라고 불렀을 것이다.

두 번째 원리는 라이프니츠의 진리에 관한 이론으로 유명한 '술어 포함 개념 원리'다. 이 원리는 참인 명제는 모두 궁극적으로 주어의 개념에 술어의 개념이 포함되어 있다는 것이다. 예를 들어 '아리스토텔레스는 철학자다.'는 명제가 참인 한, 이 문장의 주어인 '아리스토텔레스'라는 개념을 분석하면 '철학자'라는 개념이 들어 있다는 의미다. 그래서 '아리스토텔레스'라는 개념에는 '철학자'가 포함되어 있기 때문에, '아리스토텔레스'는 '~한 철학자'다. 따라서 '아리스토텔레스는 철학자다.'는 명제는 결국 '~한 철학자는 철학자다'가 되고,

이는 'A는 A다.' 라는 형식의 문장이 된다. 다시 말해서 '아리스토텔레스는 철학자다.' 와 같이 참인 명제는 궁극적으로 '동일률(A는 A다)'의 명제로 환원된다는 것이 라이프니츠의 술어 포함 개념 원리다.

세 번째 원리는 충분 이유율인데, 이는 이 세상에 존재하는 것이나 발생하는 현상에는 반드시 원인이 있다는 것이다. 다시 말해서 이 세상에 존재하는 것은 존재할 만한 충분한 이유가 있기 때문에 존재하는 것이고, 이 세상에서 발생하는 사건은 발생할 만한 충분한 이유가 있기 때문에 발생한다는 것이다. 이 원리는 술어 포함 개념 원리로부터 파생되어 나온다.

'아리스토텔레스는 철학자다.' 는 참이지만 아리스토텔레스가 철학자이어야 할 충분한 이유가 없고, 그가 철학자가 아니었을 수도 있다면 '아리스토텔레스' 의 개념에는 '철학자' 라는 개념이 반드시 포함되는 것은 아닐 것이다. 그러나 술어 포함 개념의 원리에 따르면, '아리스토텔레스는 철학자다.' 가 참이라면 '아리스토텔레스' 라는 개념에는 '철학자' 가 포함되어 있어야 한다.

따라서 '아리스토텔레스는 철학자다.' 가 참이라면, 아리스토텔레스가 철학자이기 위한 충분한 이유가 있어야 한다. 이렇게 술어 포함 개념 원리로부터 따라 나오는 충분 이유율은 형이상학, 물리학, 도덕 철학 등의 토대가 되기 때문에 라이프니츠는 이 원리를 인간의 모든 지식 중에서 가장 위대하고 유익한 것이라고 말한다.

네 번째 원리는 완전한 신은 그 행위에 있어서도 완전하고, 신은 항상 최선을 지향한다는 것으로 최선의 원리라고 한다.

다섯 번째 원리는 식별불가능자의 동일성 원리다. 이 원리에 따르면 두 개의 대상이 모든 속성을 공유하고 있어서 그 차이를 식별할 수 없다면, 즉 두 개의 대상이 그 속성에 있어서 완벽하게 같다면, 그 둘은 동일한 것이다. 다시 말해 속성에 있어서 완전하게 닮았음에도 서로 구별되는 두 개의 대상이 존재하는 일은 있을 수 없다는 것이다.

이상의 원리들을 토대로 라이프니츠가 어떻게 그의 형이상학을 전개했는지 살펴보자.

'실제로 존재하는 것은 무엇인가?' 이것이 바로 라이프니츠의 형이상학의 핵심적인 물음이다. 그는 이에 대해서 지각과 의지를 지닌 활동적인 단위인 단순 실체(simple substance)가 바로 실제로 존재하는 것이라고 말한다. 그가 실재하는 것을 단순 실체라고 주장한 근거는 다음과 같다.

1) 복합체는 단순체의 집합이다.
2) 복합체는 모두 그것의 존재에 있어서 단순체에 의존한다.
3) 실체는 존재하기 위해서 어떤 것에도 의존하지 않는, 자기 충족적인 것이다.
4) 그러므로 실체는 복합체일 수 없다.

단순하기 때문에 더 이상 나눌 수 없는 단자,
우주 전체를 비추는 거울과 같다

라이프니츠는 이렇게 실재하는 단순 실체를 단자(Monad)라고 불렀다. 실체로서 단자는 단순하기 때문에 더 이상 나눌 수 없다. 더 이상 나눌 수 없기 때문에 물리적 대상일 수도 없다. 그러니까 단자는 공간에 존재하는 물리적 대상이 아니다. 그럼에도 현실 세계에 공간을 차지하는 물리적 대상이 존재하는 것처럼 보이는 이유는 무엇일까? 라이프니츠는 이에 답하기 위해서 무지개의 비유를 든다. 무지개는 실제로는 무색의 물방울 입자로 구성되어 있지만 색을 가지고 있는 것처럼 보인다. 이처럼 실재 세계는 공간을 차지하지 않는 점과 같은 단순한

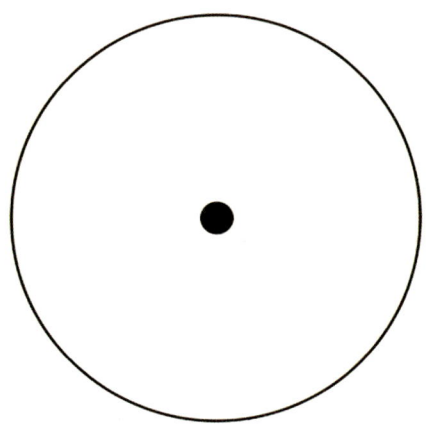

피타고라스의 모나드(Monad, 단자): 고대 철학자들에게 있어 모나드는 신, 즉 하나인 존재(더 이상 나눌 수 없는)를 지칭하기 위한 말이었다.

실체인 단자로 구성되어 있지만, 단자들의 표상에 의해서 물리적 대상이 존재하는 것처럼 보일 뿐이라는 것이다.

라이프니츠는 실체는 복합체일 수 없다는 주장을 증명하는 위 논증에서 '실체는 자기 충족적(self-contained)'이라는 전제를 사용한다. 실체가 자기 충족적이란 무슨 뜻일까? 앞에서 설명한 술어 포함 개념 원리를 기억하자. 그 원리에 따르면 모든 참인 명제는 주어의 개념에 명시적으로든 암묵적으로든 술어의 개념이 이미 포함되어 있다. 술어 포함 개념 원리에 의해서 어떤 실체가 갖는 개념은 그 실체에 귀속될 수 있는 모든 술어를 포함해야 한다. 예를 들어서 아리스토텔레스를 실체라고 하면, 아리스토텔레스의 개념에는 '아리스토텔레스'라는 주어에 귀속될 수 있는 모든 술어('철학자다', '플라톤의 제자다', '알렉산더의 스승이다' 등)가 포함된다. 나아가서 어떤 실체 A의 개념에는 그것에게 과거에 발생했던 모든 것의 흔적이 포함되고 앞으로 발생할 모든 것의 표지가 포함되며, 또한 우주에서 발생하는 모든 것의 자취까지 포함된다. '아리스토텔레스'라는 실체의 완전한 개념은 아리스토텔레스를 유일한 개별자로 기술하기에 충분할 뿐만 아니라, 다른 어떤 개별자와도 구별해 주는 개념이어야 한다. 그러므로 실체의 개체성(thisness)은 그 실체의 속성 전체에 의해서 결정된다. 다시 말해서 실체는 자신의 개념에 의해서 다른 실체와 구별된다. 그리고 실체의 개념에 그렇게 모든 것이 포함된다는 의미에서 실체는 자기 충족적이라고 말한다. 실체로서 단자도 자기 충족적이다. 이렇게 실체로서의 단자에는 우주의 모든 역사가 들어 있다는 점에서, 라이프니츠는 단자를 우주를 비추는 거울이라고 표현하기도 한다. 즉, 모든 단자는 자신의 방식으로 우주 전체를 비추는 거울과 같다.

또한 식별불가능자의 동일성 원리에 의해 본성에 있어서 동일한 두 개의 단자는 있을 수 없다. 만약 두 개의 실체, A와 B가 그 개념에 있어서 구별할 수 없다면, 그 개념들은 완전한 것이 아니다. A와 B의 완전한 개념은 그것의 개체성의 근거이기 때문이다. 즉, A와 B를 구별할 수 있게 해주는 근거는 바로 그 실체들의 개념에서 발견되어야 그 개념은 완전하다고 할 수 있다. 그러므로 각각의 실체는 자신의 개체성을 보증해 주는 완전한 개념을 가질 뿐만 아니라 구체적인 완전한 개념을 갖는 실체는 우주에 단 하나뿐이다.

단자가 자기 충족적이라는 사실이 함축하는 또 하나의 흥미로운 주장은 단자들 사이에는 어떤 인과 관계도 없다는 것이다. 모든 실체는 자신이 갖는 속성에 대해서, 그 실체가 그러한 속성을 가질 이유를 그 개념 안에 포함하고 있다. 즉, 실체의 모든 상태는 실체의 완전한 개념에 의해 설명되고, 근거가 제공되고, 야기된다. 그렇기 때문에 단자들 사이에 인과 관계는 있을 수 없다. 그래서 라이프니츠는 각 단자는 신 이외의 어떤 것으로부터도 독립적으로 존재하고, 단자들은 서로 상호 영향을 주고받지 않으며, 서로 어떠한 인과적 영향도 주고받을 수 없다고 말한다. 라이프니츠의 단자가 '창이 없다(windowless)'고 말하는 것은 바로 이런 이유 때문이다.

모든 단자는 완전한 본성을 가지며
모든 완전한 것은 신에 의해 예정된 것이다

각 단자가 전체 우주를 비추지만 단자들 사이에 인과 관계가 없다는 것은 또 어떻게 설명할 수 있을까? 라이프니츠는 이를 설명하기 위해서 유명한 괘종시계의 비유를 든다. 매 순간 정확하게 같은 시각을 가리키는 두 개의 괘종시계가 있다고 하자. 그 괘종시계가 매 순간 정확하게 같은 시각을 가리키는 것은 어떻게 가능할까? 가능한 첫 번째 대답은 두 개의 시계가 서로 연결되어 하나의 시계가 다른 시계에 영향을 줌으로써 항상 같은 시각을 알리도록 작동한다고 답하는 것이다. 두 번째 가능한 대답은 시계공이 매 순간 계속해서 같은 시각을 알리도록 뒤에서 조작한다고 말하는 것이다. 그리고 또 하나의 대답은 두 시계 모두 애당초 빈틈없이 정교하게 제작되어 독립적으로 작동하지만 매 순간 정확한 시각을 알려준다고 답하는 것이다. 이 중에서 마지막 대답이 가장 설득력 있고, 이 우주도 마찬가지라는 것이 라이프니츠의 주장이다. 즉, 신은 애당초 두 개의 실체가 이미 스스로 타고난 라이프니츠의 《단자론》 첫 필사본.

고유의 법칙을 지킴으로써 서로 완전한 조화에 도달할 수 있도록 창조했는데, 이런 사실이 두 개의 실체가 마치 서로에게 영향을 미치는 것으로 인식되거나 아니면 신이 언제나 손수 개입하는 것으로 생각할 수 있게 한다는 것이다. 신은 매 순간 각 단자의 지각이 매우 정교하게 조화를 이루도록 각 단자와 단자의 본성을 창조했다. 요컨대 모든 단자는 완전한 신에 의해서 창조되었고, 창조될 때 그것의 완전한 본성을 부여 받고 그것에 따라 운동하고, 지각하고 발전한다. 그리고 그 모든 것은 완전한 신의 예지에 의해 예정된 것이라는 것이 라이프니츠의 예정 조화설이다.

18세기 철학자들의 공통된 과제는 자신들의 사상적 배경인 스콜라 철학과 17세기 등장한 기계론(모든 현상을 자연적 인과 관계와 역학적 법칙으로 설명하려는 이론)적 자연 철학과의 갈등을 어떻게 해소할 것인가였다. 스콜라 철학은 아리스토텔레스의 영향으로 인해 목적론적인 태도를 취하는 반면, 17세기의 자연 철학은 목적론을 거부하고 기계론적 세계관을 받아들였기 때문에 18세기 철학자들에게 주어진 숙제는 바로 목적론과 기계론의 갈등에 어떻게 답할 것인가였던 것이다.

라이프니츠는 그의 철학의 하부 구조에 해당하는 논리학을 토대로 신의 완전한 이성이 이 세계를 어떻게 창조하고, 움직이도록 설계했는지에 대한 형이상학을 제시한다. 그는 물리적 현상을 설명하는 자연법칙과 정신세계를 지배하는 도덕 법칙이 어떻게 신의 완전성을 통해서 조화를 이루는지를 보여줌으로써, 스콜라 철학의 목적론과 근대 자연 철학의 기계론이 결코 갈등 관계에 있지 않다는 주장을 하고 있는 것이다.

"버클리"

존재하는 것은 지각된 것이다

박일호

혹시 철학이 그저 말장난처럼 보인 적이 있는가? 그렇다면 어떤 철학적 주장을 들었을 때 그런 생각이 들었나? 사실 몇몇 철학적 주장들은 너무 뻔하다. 가령, 진리에 대한 아리스토텔레스의 유명한 말, "있는 것을 없다고 말하거나 없는 것을 있다고 말하는 것은 거짓이다. 반면에 있는 것을 있다고 말하고 없는 것을 없다고 말하는 것은 참이다."를 생각해 보자. 이 말은 너무 당연해 보인다. 너무 당연해, 특별한 말을 덧붙일 필요가 없는 것 같다. 이렇게 당연한 이야기를 하는 것이 철학이라면, 철학은 그저 말잔치에 불과해 보인다. 한편으로 몇몇 철학적 주장은 너무 터무니없어 보인다. "변화란 있을 수 없다."는 파르메니데스와 제논의 주장을 생각해 보자. 우리는 변하고 있다.

당신은 이 글을 읽는 순간 늙어가고 있으며, 당신이 있는 지구는 태양 주위를 돌고 있다. 이렇듯 변화가 일어나고 있다는 것은 너무 당연하다. 만약 이런 것이 철학적 주장이라면, 철학은 장난스럽게 궤변을 일삼는 고약한 취미인 듯이 보인다. 이렇게 철학은 너무 당연하거나, 너무 터무니없는 말을 하는 것처럼 보인다. 더욱이 철학자들은 당연한 것을 복잡하게 설명하고, 터무니없어 보이는 것은 당연한 것으로 간주한다. 이럴 때 우리는 철학이 어렵게 느껴지고, 더 나아가 단지 말장난인 것처럼 생각되기도 한다.

하지만 철학의 목적이 바로 여기에 있다. 기본적으로 철학자들은 의심이 많은 사람들이다. 그들은 나와 당신 그리고 이 세계를 보다 정확하게 이해하기 위해서 의심하고 또 의심한다. 이런 의심의 끝에는 너무나도 상식적인 것들이 있다. 철학자들은 이런 거듭된 의심을 이용해 우리가 상식적이라고 생각하는 것이 얼마나 상식 밖에 있는지 밝혀내려고 한다. 그리고 상식 밖의 주장이 얼마나 그럴싸한지 증명하려고 한다. 이 글에서 다루게 될 철학자 역시 마찬가지다. 그는 당연해 보이는 것을 비판하고, 터무니없어 보이는 것을 옹호한다. 심지어 터무니없어 보이는 것이 오히려 더 상식적이라고까지 말한다.

버클리, 상식적인 주장에 대한 비판
상식 밖의 주장

주인공은 근대 경험론의 핵심적인 인물인 조지 버클리(George Berkeley, 1685~1753)다. 연대기적으로, 그리고 철학적으로도, 그는 존 로크(John Locke, 1632~1704)와 데이비드 흄(David Hume, 1711~1776) 사이에 있다. 로크는 버클리가 비판하게 될 상식적인 주장을 정립한 사람이며,

흄은 버클리의 상식 밖의 주장을 더 철저하게 밀고 나간 사람이다. 버클리는 아일랜드 출신이다. 그의 삶에서 가장 유명한 이야기는 소위 '버뮤다 프로젝트'라고 불리는 것이다. 당시 버클리가 보기에 영국은 영적으로 타락한 곳이었다. 그래서 그곳을 벗어나 새로운 세계를 건설해야 한다고 생각하게 되었다. 이런 생각을 실현하기 위해, 버클리는 버뮤다(Bermuda, 대서양에 있는 영국의 해외 영토)에 대학을 세울 계획을 짠다. 그리고 스스로 아메리카 대륙으로 건너간다. 하지만 그 계획은 성공하지 못했다. 영국으로부터 약속 받았던 자금 지원이 무산되었기 때문이다. 그 뒤 영국으로 다시 돌아온 버클리는 성공회 주교가 되어 자신의 고향인 아일랜드로 돌아간다. 철학자로서 버클리를 유명하게 만든 책은 대부분 20대 중반에 쓰인 것이다. 이상하게도 60대 버클리 주교는 다소 엉뚱한 일에 몰두한다. 당시 그는 타르-물(tar-water)이 만병통치약이라고 생각했다고 한다. 그래서 그것의 과학적 근거를 밝히고, 사람들에게 그 사실을 널리 알리려고 했다. 그 결과 출판된 책이 버클리 최고의 베스트셀러

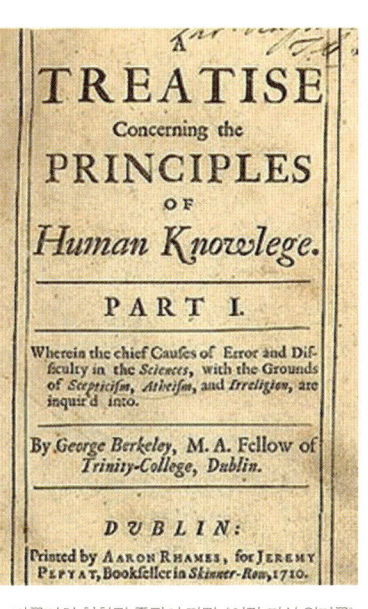

버클리의 철학적 주장이 담긴 《인간 지식 원리론》.

인 《시리스(Siris)》다.

한편 버클리의 철학적 주장이 담긴 책으로는 《인간 지식 원리론 (Treatise concerning the Principles of Human Knowledge)》과 《하일라스와 필로누스의 세 대화(Three Dialogues between Hylas and Philonous)》가 있다. 앞에서 언급했듯이 그의 철학적 주장은 상식과 많이 동떨어져 있다. 이런 점이 오히려 버클리 철학에 대한 많은 호기심을 일으키기도 한다. 물론, 중요한 것은 '왜 그가 그런 생각을 했는가?'이다. 이제 이것에 대해서 언급할 차례다.

존재하는 것은 지각된 것이다 보이는 것만 있다

그럼 도대체 버클리의 상식 밖의 주장은 무엇인가? 간단히 요약된다. 데카르트에게 '생각한다. 고로 존재한다(Cogito ergo sum).'가 있다면, 버클리에게는 '존재하는 것은 지각된 것이다(Esse est percipi).'가 있다. 존재하는 것은 지각된 것이다? 무슨 말인가? '존재하는 것은 지각된 것이다.'는 말은 '지각되는 것만 존재한다.', 혹은 '지각되지 않으면 존재하지 않는다.'는 것과 같은 말이다. 우선 '지각(perception)'이란 말을 이해하자. 어렵지 않다. 그냥 감각 기관을 통해서 정보를 획득하는 과정이라고 생각하자. 우선 시각만을 생각해 보자. 아주 거칠게 말해, 시각이라는 지각은 '보는 것'을 말한다. 따라서 '지각된 것만 존재한다.', '지각되지 않은 것은 존재하지 않는다.'는 것은 거칠게 말해 '보이는 것만 있다.', '보이지 않는 것은 없다.'는 것과 비슷한 말이다. 결국 버클리가 주장한 'Esse est percipi.'는 '보이지 않는 것은 없다.'는 것이다.

 그럴싸한가? 상식적인 주장처럼 들리는가? 당연히 그렇지 않다. 당신은 지금 컴퓨터 앞에 앉아 있다. 당신이 사용하는 컴퓨터 속에는 마더보드, CPU, 랜카드 등등이 있을 것이다. 그러나 당신이 보고 있는 것은 컴퓨터 모니터 화면뿐이다. 당신은 지금 마더보드를 보고 있지 않다. 버클리는 '보이는 것만 있으며, 보이지 않는 것은 없다.'고 했다. 이런 말을 받아들이자. 그럼 당신 앞에 있는 것은 무엇인가? 모니터뿐이다. 당신의 컴퓨터 속 마더보드, CPU, 랜카드 등등은 없다. 이상하지 않은가? 더 이상한 이야기도 할 수 있다. 나른한 오후다. 바로 일을 시작해야 하는데, 너무 잠이 쏟아진다. 그러나 안타깝게도 당신 바로 앞자리에 고약한 부장이 앉아 있다. 속으로 생각한다. "부장만 없다면 한숨 푹 잘 텐데." 버클리라면 당신에게 어떤 조언을 할까? 단순하다. "눈 감아!" 버클리에게 보이지 않는 것은 존재하지 않는다. 눈을 감으면 앞에 있는 고약한 부장은 사라질 것이다. 그리고 그 상태로 편하게 잠들면 된다. 물론, 당신이 눈을 뜨는 순간 부장이 다시 나타날 수도 있다는 것은 주의해야 한다. 여기서 끝이 아니다. 더욱 이상한 이야기를 계속할 수 있다. 신장이나 간과 같은 장기를 이식 받았을 때, 나의 정체성은 달라지지 않는다. 즉, 이식 받기 전이나 이식 받은 후에도 '나'는 달라지지 않는다. 하지만 이것이 성립하지 않는 장기가 하나 있다. 그것은 바로 뇌다. 뇌를 이식했다고 생각해 보자. 뇌를 이식 받기 전과 이식 받은 후는 같은 사람인가? 의심스럽다. 이런 이유에서 뇌는 나의 정체성의 핵심적인 요소다. 즉, 뇌가 달라진다면 나도 달라진다. 이제 물어보자. 당신은 당신의 뇌를 본 적이 있는가? 당신은 어떨지 모르지만, 나는 아직 나의 뇌를 본 적이 없다. 이런 상황에서 버클리는 어떻게 말해야 하는가? 보이지 않는 것은 존재하지 않는다. 나의 뇌는 보이지 않는다. 따라서 나의 뇌는 존재하지 않는다. 그러므로 나는 존재하지 않는다!

보이는 것은 무엇인가? 보이는 것, 표상 혹은 관념

여기까지 하자. 버클리의 '존재하는 것은 지각된 것이다.'라는 주장이 얼마나 상식 밖 주장인지는 이 정도의 설명으로 충분하다. 문제는 버클리의 말이 단지 장난스러운 궤변이 아니라는 것이다. 오히려 그는 다른 철학자들의 주장보다 자신의 주장이 훨씬 더 상식적이라고 말한다. 그렇다면 버클리의 말을 이해하는 데 있어 분명히 무언가 놓친 것이 있을 것이다. 그것은 무엇인가? 이제 버클리의 생각을 조금 더 자세히 살펴보자.

버클리는 '보이는 것만 있다.'고 말했다. 여기서 '보이는 것'은 무엇인가? 약간의 섬세한 사고가 필요하다. 당신은 지금 책을 보고 있다. 그럼 당신이 본 것은 무엇인가? 답은 당연히 책인가? 그러나 이 답은 애매하다. 당신은 책이라는 어떤 종이 뭉치를 보고 있는가? 아니면 눈에 맺힌 책의 이미지를 보고 있는가? 당신이 지금 TV 버라이어티 쇼를 보고 있다고 생각해 보자. 지금 개그맨 유재석이 나와 우스꽝스러운 춤을 추고 있다. 당신이 보고 있는 것은 무엇인가? 유재석인가, 아니면 유재석이 비친 TV 화면인가? 당연히 당신은 유재석 그 자체가 아니라 유재석의 이미지를 보고 있는 것이다. 마찬가지다. 당신은 지금 책을 보고 있다고 말하지만, 사실 보고 있는 것은 책 그 자체가 아니라 책이 눈에 맺힌 이미지를 보고 있는 것이다. 거칠게 말해 그런 이미지와 같은 것을 철학적 용어로 표상(representation) 혹은 관념(idea)이라고 한다. 이렇게 생각했을 때, 우리의 지각은 두 가지—표상(혹은 관념)과 그것을 야기하는 것처럼 보이는 외부 대상—로 이루어졌다고 생각하는 것은 자연스럽고 상식적인 듯이 보인다[물론, 여기에 하나가 더 추가되어야 한다. 그것은 지각하는 주체, 즉 '나'다. 버클리는 이런 지각 주체의 존재 역시 인정한다. 따라서 좀 더 정확하게 서술하고자 한다면, '존재하는 것은 지각된 것이다.'는 '존재하는 것은 지각된 것이거나 지각하는 것이다(Esse est percipi aut percipere).' 로 바뀌어야 한다].

다시 버클리의 생각으로 돌아가자. 그는 '보이는 것만 있다.', 혹은 '보이지 않는 것은 없다.' 고 말했다. 여기서 보이는 것은 표상 혹은 관념이다. 따라서 버클리의 주장은 '표상(혹은 관념)만 있다.', '표상(혹은 관념)이 아닌 것은 없다.' 는 것이 된다. 위에서 지각은 외부 대상과 표상으로 이루어졌다는 것이 자연스럽다고 했다. 즉, 둘 다 있다는 것이 우리의 상식과 일치한다. 하지만 버클리는 표상이 아닌 것은 없다고 주장하고 있다. 그는 외부 대상은 없다고 주장하고 있는 것이다.

여기서 잠깐 외부 대상과 표상 사이의 차이점을 생각해 보자. 가장 중요한 차이점은 당신과의 관계다. 당신 앞에 당신의 연인이 사랑스러운 모습으로 앉아 있다고 하자. 그리고 반복적으로 눈을 깜박거려 보자. 분명 무엇인가는 계속 있고, 무엇인가는 나타남과 사라짐을 반복한다. 다행스럽게도 사랑스런 당신의 연인은 당신이 눈을 감든, 뜨든 상관없이 당신 앞에 있다. 하지만 불행하게도 눈을 감으면 사랑스런 연인의 모습은 사라지고, 눈을 뜨면 사랑스런 연인의 모습은 나타난다. 표상은 당신 연인의 모습에 해당한다. 그리고 외부 대상은 당신의 연인 그 자체에 해당한다. 표상과 외부 대상 사이에는 어떤 차이가 있는가? 그것은 당신에게 의존하는지의 여부다.

당신의 연인 그 자체의 존재는 당신에게 의존하지 않지만, 연인의 사랑스러운 모습은 당신에게 의존한다. 철학에서는 당신과 같이 지각하는 것을 지각 주체라고 부른다. 그럼 우리는 표상은 지각 주체에 의존하지만, 외부 대상은 지각 주체에 의존하지 않는다고 말할 수 있다. 버클리가 '외부 대상이 존재하지 않는다.' 라는 것은 '지각 주체에 의존하지 않는 것은 존재하지 않는다.' 라는 말이다. 그가 보기에 존재하는 모든 것은 지각 주체에 의존한다.

외부 대상이 존재하지 않는다?
회의주의와 무신론

지금껏 버클리의 생각을 조금 자세히 살펴보았다. 하지만 그의 생각은 여전히 우리 상식과 어긋나는 정교한 궤변처럼 들린다. 도대체 왜 버클리는 외부 대상이 존재하지 않는다고 생각했을까? 실마리는 회의주의와 무신론에 있다. 그는 주체와 독립적인 외부 대상의 존재를 인정한다면 회의주의와 무신론에 빠질 수 있다고 생각했다.

외부 대상이 존재한다고 생각해 보자. 그럼, 우리의 세계에 대한 지각은 두 단계를 거쳐 일어난다. 첫 번째 단계는 외부 대상이 표상을 야기하는 것이다. 두 번째 단계는 그렇게 야기된 표상을 우리가 지각하는 것이다. 각 단계는 틀릴 수 있는가? 착각을 하는 경우를 생각해 보자. 솥뚜껑인데 자라로 보는 경우를 생각해 보자. 첫 번째 단계에서 솥뚜껑이라는 외부 대상이 자라라는 표상을 야기했다. 그리고 두 번째 단계에서 그 자라라는 표상을 당신은 지각한다. 두 번째 단계는 잘못될 수 없다. 당신에게 솥뚜껑처럼 보이는 것을 당신은 자라라고 지각할 수 없다. 착각은 두 번째 단계에서 일어나는 것이 아니라 첫 번째 단계에서 일어나는 듯하다. 즉, 솥뚜껑이라는 외부 대상이 잘못된 표상을 야기하는 것이다. 이 단계 때문에 우리는 세계에 대한 잘못된 지식을 가질 수 있다. 더 나아가 세계에 대한 확실한 지식을 우리는 획득할 수 없다. 즉, 회의주의에 빠질 수밖에 없다. 이렇듯 외부 대상의 존재를 인정하는 것은 우리를 회의주의로 인도한다.

그럼, 외부 대상의 존재를 인정하지 않는다면 어떤가? 그렇다면 첫 번째 단계, 즉 외부 대상이 표상을 야기하는 단계가 사라진다. 따라서 우리가 틀릴 수 있는 가능성도 사라진다. 그러므로 회의주의가 발붙일 곳이 사라진다. 이렇게 외부 대상을 거부한다면, 우리는 회의주의를 극복할 수 있다는 것이 버클리의 의도였다.

그럼, 무신론은 어떤가? 외부 대상의 존재가 왜 무신론으로 이끄는가? 그건 다소 간단하다. 앞에서 언급했듯이, 여기서 외부 대상은 독립적인 외부 대상이다. 독립적이기에, 외부 대상은 신의 도움 없이도 스스로 움직이고 존재할 수 있다. 외부 대상의 존재를 인정한다면, 신은 이제 필요 없게 된다.

그럼 반대로, 외부 대상의 존재를 부정하는 것은 어떻게 유신론으로 이끄는가? 버클리는 대상의 존재는 모두 지각 주체에 의존적이라고 주장했다. 하지만 앞에서 보았듯이 이런 주장은 상식과 맞지 않는다. 눈을 감는다고 앞에 있는 고약한 부장이 사라지지 않는다. 컴퓨터로 중요한 작업을 하다가 사무실에 컴퓨터를 두고 밥을 먹으러 나갔다. 밖으로 나가는 순간 더 이상 컴퓨터는 보이지 않는다. 이제 그것은 존재하지 않는다. 내가 만든 파일과 내가 모아 둔 중요한 자료들은 밥을 먹는 순간 더 이상 존재하지 않게 된다. 이런 생각은 너무 이상하다. 우리 상식으로부터 너무 벗어났다. 내가 보고 있지 않아도 부장은 여전히 있으며, 내가 보고 있지 않아도 컴퓨터는 여전히 있다. 버클리는 이런 상식을 어떻게 구제할 것인가?

한 가지 방법은 대상들을 계속 보고 있는 것을 제시하면 된다. 비록 나는 보고 있지 않지만, 다른 것이 그것을 보고 있기 때문에 그것은 나와 독립적으로 계속 존재할 수 있게 되는 것이다. 그럼, 그것은 무엇인가? 대상들을 계속 지각하고 있는 것은 무엇인가? 그것은 바로 신이다.

비록 나는 눈을 감아 부장의 얼굴을 보지 않지만, 신이 부장을 보고 있기 때문에 부장은 계속 존재한다. 비록 나는 밥을 먹으러 나가 컴퓨터를 보고 있지 않지만, 신이 컴퓨터를 보고 있기 때문에 컴퓨터는 계속 존재한다. 외부 대상의 존재를 인정하면, 신은 불필요해진다. 하지만 외부 대상의 존재를 부정하면, 신은 반드시 필요해진다. 우리는 유신론을 받아들일 수밖에 없게 된다.

이런 신에 대한 버클리의 주장은 어떤가? 그럴싸한가? 너무 성급해 보이지는 않은가? 버클리 철학을 처음 접한 사람들은 상식 밖이지만 반박하기 어려울 정도로 교묘한 그의 논리에 감탄한다. 하지만 이런 감탄은 마지막에 도입된 신 때문에 금방 사라져 버리곤 한다. 그것은 자신의 논리를 철저하게 밀어붙이지 못하고 너무 쉽게 해결해 버린 것 같은 인상 때문일 것이다. 하지만 너무 아쉬워 할 필요가 없다. 버클리에게는 훌륭한 학문 후속 세대가 있었기 때문이다. 그가 바로 데이비드 흄이다. 그는 버클리의 경험주의를 보다 철저하게 밀고 나간다. 하지만, 아이러니하게도 회의주의를 극복하려는 버클리의 시도를 계승한 흄은 결국 철학사적으로 가장 뛰어난 회의주의자 중에 한 명이 된다.

David Hume

"데이비드 흄"

서양 철학의 갈림길

홍성기

영국의 경험주의자들 중에서 철학적으로 가장 깊은 영향을 남긴 데이비드 흄(David Hume, 원래는 Home, 1711~1776)은 1711년 스코틀랜드 에든버러(Edinburgh)에서 태어났다. 에든버러는 1708년 잉글랜드에 병합되기 전까지 왕국 스코틀랜드의 수도였으며, 흄과 교우 관계를 맺었던 《국부론》의 저자 애덤 스미스(Adam Smith)가 활동하던 곳으로서, 흔히 '스코틀랜드 계몽주의[신(神)이 아닌 인간의 이성(理性)에 의해 의식이 형성되어야 한다는 사상'의 본거지로 알려진 아름다운 도시다.

근대 경험주의 철학의 완성자인 데이비드 흄이 태어난 에든버러.
사진은 에든버러 성에서 바라본 에든버러 뉴타운으로 스코틀랜드 계몽주의 시대에 건설되었다.

흄은 어린 시절부터 문학, 역사 그리고 고대에서 현대에 이르기까지 많은 철학 책을 탐독하면서 12세가 되기 전(10세라는 설도 있다!), 형을 따라 에든버러 대학에 들어갈 정도로 인문학적 소질이 뛰어났다. 집에서는 그가 법률가가 되기를 원했지만, 흄은 철학자가 될 것을 결심했다. 그는 주저 중의 하나인 《인간 본성론(A Treatise of Human Nature)》 3권을 1734~1737년 프랑스 체류 중에 준비하여, 영국에 돌아와 1739~1740년에 출판했다. 흄은 자신의 주저를 불과 23살에 시작하여 29살에 끝낸 것이다. 그러나 흄을 평가할 때는 그가 젊은 시절에 책을 출판했다는 것보다 철학의 거인 칸트를 '도그마(dogma, 독단이라고 번역되기도 하

며, 인간 구제를 위해 신(神)이 계시한 진리를 말함|의 잠'에서 깨우고, 이후 과학 철학의 시초, 논리 실증주의의 원형으로 알려진, 지식의 본질에 대한 중요한 성찰을 했다는 점이 더 강조되어야 할 것이다.

흄, 기존 철학이 갖고 있는 문제점에 주목
정합성의 부족, 확실성의 결여

흄은 철학자가 되기로 결심하고 '사고의 새로운 장'이 그에게 열렸다고 믿으면서, 기존의 철학이 갖고 있는 문제점에 주목하기 시작했다.

> 판단력이 있는 배운 사람이라면 최고의 신뢰를 받으면서, 정확하고 심오한 추론이라고 자부하는 체계가 얼마나 허약한 기초에 놓여 있는지 쉽게 알아차릴 것이다. 단지 믿음에 기초한 원칙들, 이로부터 서투르게 끌어낸 결론들, 정합성이 부족한 부분들, 확실성이 결여된 전체 등은 가장 저명한 철학자의 체계 여기저기에서 접할 수 있으며, 철학 자체를 불명예스럽게 만들고 있다.
> ─《인간 본성론》서문에서

철학자의 윤리가 근거 없는 주장의 비판과 사고의 정당화의 시도에 있다는 점을 감안한다면, '올바른 지식이란 과연 무엇인가?'는 실로 오래된 철학의 주제에 속한다. 그렇다면 흄이 비판의 칼을 갈아서 새로운 철학의 장을 열겠다고 했을 때, 그는 어떤 원칙에서 출발했을까?

> 인간에 대한 과학이 다른 과학의 유일하고 견고한 토대가 되듯이, 인간에 대한 과학에 우리가 부여할 수 있는 단 하나의 견고한 토대는 경험과 관찰에 근거해야 한다.
> ―《인간 본성론》에서

흄은 경험을 지식의 유일한 토대라고 보는 경험주의의 입장에서, 바로 인간의 경험에 필수적이라 보이는 귀납논증과 인과 관계의 필연성이 결코 정당화될 수 없다는 점을 보일 수 있었다. 우선 '귀납논증의 문제(problem of induction)'라고 알려진 것부터 살펴보자.

귀납논증의 문제, 거지논법, 순환논증

흄에 의하면 귀납논증은 '관찰된 사실로부터 관찰되지 않은 사태의 추론'을 의미하며, 그것은 "우리가 현재 갖고 있는 감각과 기억을 넘어서는 행위"라고 비판한다. 감각과 감각의 기록을 의미하는 기억, 즉 경험의 뒷받침이 없는 지식의 정당성을 부정하는 경험주의자라면 응당 귀납논증의 정당성을 부정할 수밖에 없다. 문제는 귀납추론이 갖고 있는 중요성이다. 지금은 과학의 방법론을 꼭 귀납논증에서 찾고 있지는 않지만, 오랫동안 자연 과학이란 제한된 실험과 관찰을 통해 일반적인 자연법칙을 발견하는 귀납논증에 기반하고 있다는 생각이 지배적이었다. 그런데 자연 과학이 자연의 진리를 발견하는 유일한 통로임에도 불구하고 귀납논증의 정당성이 부정된다면, 인간은 '원칙적으로' 자연의 진리를 발견할 수 없다는 결론을 피할 수가 없다. 따라서 흄이 귀납논증을 비판한 이래 지금까지 거의 300년 동안 수많은 철학자와 논리학자들이 귀납논증에 연역논증이 갖는 수준의 정당성을 부여하려는 시도를 해왔음은 물론이다. 흥미로운 점은 이들 시도가 예외 없이 항상 원점으로 돌아오게 되면서, 거지논법(begging the question), 즉 순환논증에 빠지고 만다는 점이다.

　귀납논증을 구할 수 있는 가장 간단한 방법은 자연이 지금까지의 진행 방식과 같은 방식으로 진행한다는, 이른바 '자연의 제일성(齊一性, uniformity of nature)'을 가정하는 것이다. 자연의 제일성을 귀납논증에 추가한다면 쉽게 그 정당화가 가능하다. 문제는 자연의 제일성이란 바로 귀납논증의 정당성과 내용적으로 동일하다는 점이다. 출발점으로 다시 돌아온 것이다.

　귀납논증을 경험주의의 입장에서 정당화하려는 또 다른 시도는 귀납논증이 잘 작동하고 있다는 지금까지의 '경험'을 내세우는 것이다.

그러나 여기서 우리의 경험이 바로 귀납논증을 포함하고 있음을 생각한다면, 귀납논증으로 귀납논증을 정당화한다는, 즉 '대상과 수단의 동일성'으로 인해 이 시도 역시 원위치로 돌아올 수밖에 없다. 동양의 속담에 '손가락이 모든 것을 가리켜도 자신을 가리키지는 못한다.'는 방법론적 순환에 대한 경고가 여기에 적용될 수 있다.

결국 "매일 새벽 6시 종이 울리면 먹이를 받아먹게 되자, 귀납논증을 통해 '새벽 6시 종 → 식사 시간'이라는 결론을 내린 천재 칠면조가 어느 날 새벽 6시, 종이 울리자 먹이를 받는 대신 목이 잘렸다."는 러셀식 우스개가 현재 귀납논증의 상황을 말해 주고 있는 셈이다. 바꿔 말해 흄에 의하면 관찰된 규칙성(regularity)만으로는 귀납논증을 정당화할 수 없으며, 귀납논증은 다만 인간의 마음이 형성하는 습관(custom)에 의존할 수밖에 없다는 것이다.

인과 관계의 필연성에 대한 흄의 비판

귀납논증의 문제와 밀접한 관계를 갖고 있는 것이 인과 관계의 필연성에 대한 흄의 비판이다. 여기서 흄이 말하는 경험의 내용을 약간 살펴볼 필요가 있다. 흄에 의하면 인간이 감각 기관을 통해 외부 세계를 경험할 때, 우선적으로 그리고 직접적으로 인상(impression)을 받게 된다. 이 인상은 직접적인 만큼 강렬하고 생동적이다. 다른 한편 인상은 인간의 마음속에 관념(idea)을 남기게 되는데, 이 관념은 인상에 비하면 상대적으로 흐릿하다고 말할 수 있다.

이제 인과 관계가 원인(cause)이라는 사건 유형(event type)과 결과(effect)라는 사건 유형과의 관계라는 점, 그리고 원인이 선행하고 결과가 후행한다는 점은 의문의 여지가 없다고 보고 흄의 비판을 살펴보자. 우선 흄은 인과 관계를 인간이 결코 경험 이전에, 선험적(a priori)으로, 즉 인상들의 논리적 포함 관계로부터 추론하는 것이 아니라는 점을 확인한다. 실제로 어떤 신약이 특정 질병에 효과가 있는지를 확인하는 것은 논리학자가 아니라 임상의학자다. 즉, 경험에 의해서 인과 관계를 파악한다는 것은 어떤 사건 유형을 다른 사건 유형의 원인이라고 간주하더라도 원인에 이어 결과가 따르지 않을 수도 있다는 점을 함축한다. 한마디로 인과 관계의 파악에 있어서 두 사건 유형을 우리는 서로 독립적인 존재로 보는 것으로부터 출발한다[철학자 비트겐슈타인(Wittgenstein, 1889~1951)은 이처럼 독립적인 존재들 간의 관계를 '외재적(external)'이라고 불렀으며, 인과 관계는 이런 점에서 외재적 관계다].

추론이 아니라면 인과 관계를 파악할 수 있는 방법은 직접 관찰, 즉 경험에 의거해야 한다. 그런데 우리는 결코 인과 관계를 직접 관찰할 수가 없다! 왜냐하면 원인과 결과의 시간적 순서에 의해 원인이 존재할 때는 결과가 없고, 결과가 존재할 때는 원인이 없기 때문이다. 우리는 인과 관계를 두 사건이 '동시에' 존재하는 것으로 상상하는 경향이 있지만 그것은 사실이 아니다.

추론에 의해서도 관찰에 의해서도 아니라면, 도대체 인간은 인과 관계를 어떻게 인식할 수 있을까? 흄의 결론은 귀납논증의 경우처럼 습관에 의해서라는 것이다. 즉, 특정한 사건에 이어서 또 다른 특정한 사건이 일어나는 것이 반복되면, 우리의 마음은 습관적으로 이 두 사건의 유형으로부터 받는 인상들과 이에 상응하는 관념들을 결합하여(associate), 즉 투사(projection)하여 인과 관계를 만들어 낸다는 것이다. 흄의 비판이 있기 전까지 인과 관계는 필연적 연결(necessary connection)로 간주되었지만 이제 인과 관계의 필연성을 주장하는 것은 결코 쉬운 일이 아니다.

다른 한편 인과 관계의 필연성을 확보하는 가장 손쉬운 방법은 인과 관계를 개별 사건(event token) 간의 관계로 파악하는 것이다. 인과 관계를 추정하기 위한 조건은 비슷한 사건들의 반복을 의미하는 규칙성이지만, 이 경우 인과 관계의 필연성은 논리적으로 확보가 불가능하다. 인과 관계를 개별 사건 간의 관계로 간주하려는 시도는 상식적으로 인과 관계가 단순히 반복에 의한 규칙성과 다르다는 점에서, 즉 원인이란 인과력(causal power)을 갖는다는 점으로부터 착안된 것이다. 이런 경우는 어떤 비판이 가능할까?

개별 사건 간의 인과 관계란 오로지 사후에만 판단된다는 점에서

에든버러에 있는 데이비드 흄 조각상. 그는 20세기 논리 실증주의의 선구자가 되었다.

두 사건이란 실은 하나의 사건을 분할한 것에 불과하다는 결론을 피할 수가 없다. 그리고 이때 확보된 필연성은 개별 사건으로서 원인과 결과가 다시는 반복될 수 없다는 점에서 독립성의 상실과 동일하다. 파르메니데스적 일자(一者, the Oneness)가 돌아온 것이다[우리는 이처럼 전체의 분할에서 생기는 상호 의존적, 필연적 관계를 '내재적(internal)' 관계라고 부를 수 있을 것이다].

철학의 인식론적 전회
20세기 논리 실증주의의 선구자

흄의 귀납논증과 인과 관계의 필연성 비판은 칸트에게 '지식의 원천은 오로지 경험에 있을 뿐이지만, 경험이 곧바로 지식은 아니다.'라는, 이른바 철학의 인식론적 전회(철학의 주요 관심이 '형이상학'에서 '인간이 획득한 지식의 본질'로 크게 바뀌는 것을 말함)를 가져왔다. 뿐만 아니라 그는 형이상학을 배제하고 인간의 지식 체계를 경험에 의한 검증 가능성에 기초하려는 20세기 논리 실증주의의 선구자가 되었다.

그러나 생전에는 철학자로서가 아니라 생계를 위해《영국의 역사 (History of England)》6권을 지은 역사가로서 더 알려진, 그리고 대학에서는 한 번도 자리를 얻지 못한 '흄의 회의'에 대한 구조적 이해는 아직 충분히 이루어지지 않은 것 같다.

  왜냐하면, 흄의 인과 관계의 필연성 비판은 구조적으로 볼 때 사실 인과 관계에만 국한될 필요가 없기 때문이다. 그의 비판의 핵심을 조금 더 일반화시키면 '독립적으로 도입된 어떤 존재들 간에도 필연성을 확보할 수 없다.'는 것이고, 두 존재 간의 필연성 확보란 사실 '하나의 존재를 두 부분으로 분할하여 경계를 그었지만 두 부분이 만나고 있다.'는 것과 동일하다(파르메니데스의 귀환!).